CB128043

RITA ROSENMAYER

DIDEROT

OBRAS V

O FILHO NATURAL

Coleção Textos

Dirigida por:

João Alexandre Barbosa (1937-2006)
Roberto Romano
Trajano Vieira
João Roberto Faria
J. Guinsburg

Equipe de realização – Revisão técnica do francês: Denise Vaudois; Revisão técnica do latim: Cecília Araújo; Preparação de texto: Lilian Myoko Kumai; Revisão: Marcio Honorio de Godoy; Ilustrações: Rita Rosenmayer; Projeto de capa: Adriana Garcia; Produção: Ricardo W. Neves, Sergio Kon e Raquel Fernandes Abranches.

DIDEROT

OBRAS V

O FILHO NATURAL

OU AS PROVAÇÕES DA VIRTUDE
CONVERSAS SOBRE O FILHO NATURAL

FÁTIMA SAADI

TRADUÇÃO E NOTAS

J. GUINSBURG

ORGANIZAÇÃO

PERSPECTIVA

Este livro, publicado no âmbito do programa de apoio à publicação, contou com o auxílio do Ministério francês das Relações Exteriores.

Cet ouvrage, publié dans le cadre du programme d'aide à la publication, bénéficie du soutien du Ministère français des Affaires Étrangères.

Dados Internacionais de Catalogação na Publicação (CIP)
(Câmara Brasileira do Livro, SP, Brasil)

Diderot, Denis, 1713-1784.
Diderot : obras V: O filho natural ou as provações da virtude: conversas sobre o filho natural / Denis Diderot; J. Guinsburg, organização; Fátima Saadi, tradução e notas. – São Paulo: Perspectiva, 2008. – (Coleção textos; 12)

Título original: Le Fils naturel
Bibliografia
ISBN 978-85-273-0829-8

1. Diderot, Denis, 1713-1784. 2. Teatro francês
I. Guinsburg, J. II. Título. IV. Série.

08-05355 CDD-842

Índices para catálogo sistemático:
1. Teatro: Literatura francesa 842

Direitos reservados em língua portuguesa

EDITORA PERSPECTIVA S.A.

Av. Brigadeiro Luís Antônio, 3025
01401-000 São Paulo SP Brasil
Telefax: (11) 3885-8388
www.editoraperspectiva.com.br

2008

SUMÁRIO

DORVAL E EU

NOTA DO EDITOR

A editora Perspectiva tem como projeto, desde 2000, a publicação dos escritos de Diderot, dada a importância que este autor tão multifacetado possui na história das artes e da filosofia, assim como por sua rara perspicácia e permanente atualidade como pensador e ensaísta.

Na verdade, a idéia tem suas raízes na década de 1960, quando, tendo compilado uma série de textos do autor, publiquei pela Cultrix, em 1966, A *Filosofia de Diderot*. Levada à frente no âmbito da Perspectiva, ela pôde contar com o interesse e colaboração do professor Roberto Romano, um dos mais lúcidos e versados intérpretes em nosso meio do espírito do Iluminismo e da obra daquele que foi chamado o Filósofo e o Enciclopedista, por enfeixar, como poucos de seus pares, o saber, as luzes e as reivindicações da Razão ilustrada.

Até o momento, em nossa coleção Textos foram editados: *Filosofia e Política*, contendo, entre outros ensaios, Carta sobre os Cegos, O Sonho de d'Alembert, o Plano de uma Universidade, Autoridade Política; *Estética, Poética e Contos*, no qual estão incluídos textos como o Paradoxo sobre o Comediante, Carta sobre os Surdos e Mudos ou o Tratado do Belo; os romances *O Sobrinho de Rameau* e *Jacques, o Fatalista e seu Amo*; além do primeiro volume dos verbetes de Diderot na *Encyclopédie*, dedicado à história da filosofia na Antigüidade, em tradução de Newton Cunha, estando o segundo e o terceiro volumes em preparo.

O Filho Natural ou as Provações da Virtude, ora entregue ao nosso público leitor, constitui exemplo de uma discussão crítica e de uma proposição teórica que a pena ágil e vivaz de Diderot plasma numa representação dramática em cinco atos, em prosa, dando vazão às suas reflexões sobre o gênero teatral e ao seu pleito em favor da substuição da tragédia e do drama barroco por um novo molde teatral. Ou seja, o nascente drama burguês.

Traduzido com elegância, correção e fluência vernacular por Fátima Saadi, com base no texto original de 1757, editado primeiro em Amsterdã e depois em Bruxelas (1761) e em Paris (1771), a versão brasileira constitui um acréscimo importante para a bibliografia em língua portuguesa dos estudos das formas de dramaturgia em suas cristalizações históricas e, sobretudo, da natureza das modalidades teatrais.

J. Guinsburg

CRONOLOGIA

1713 Nasceu em Langres, em uma família de artesãos abastados (o pai é mestre cuteleiro).

1726 Destinado pela família à carreira eclesiástica, estudou com os jesuítas, em Langres, e foi tonsurado.

1726 Prossegue os estudos em Paris, no colégio de Harcourt.

1732 Recebe o grau de bacharel em Artes pela Universidade de Paris.

1742 Trava amizade com Jean-Jacques Rousseau e Grimm.

1743 Casa-se com Anne-Toinette Champion, contra a vontade do pai.

1746 O editor Lebreton contrata-o para traduzir a *Cyclopaedia* de Chambers.

1747 É encarregado, com d'Alembert, de dirigir a redação da *Encyclopédie* (Enciclopédia).

1749 É detido e encarcerado em Vincennes por causa da publicação de *Lettre sur les aveugles* (Carta Sobre os Cegos).

1751 Sai o primeiro volume da *Enciclopédia*. Entre os seus verbetes mais célebres e de grande repercussão pública, figura o artigo sobre a "Autoridade Política". Publica *Lettre sur les sourds et muets* (Carta Sobre Surdos e Mudos) e suas *Additions* (Adições).

1753 Nascimento da filha, Marie-Angélique.

1756 Liga-se a Sophie Volland.

1757 Aparece o tomo VII da *Enciclopédia*. O artigo "Genebra" provoca vivos protestos do partido devoto e o rompimento com Rousseau.

1758 Aparece *De la poésie dramatique* (Da Poesia Dramática), cujo capítulo final discorre sobre "Autores e Críticos".

1759 A *Enciclopédia* é condenada como subversiva pelo Parlamento. O rei revoga a licença de impressão e ordena a queima dos sete volumes publicados. O Papa coloca a obra no *Index*. Os manuscritos em poder do Enciclopedista são apreendidos, mas seu amigo Malesherbes, chefe da polícia, os esconde em sua casa. Diderot lança-se à crítica de Arte, iniciando *Les Salons* (Os Salões), série de nove ensaios publicados até 1781.

1760 Possível início da composição de *Jacques le fataliste* (Jacques, o Fatalista), cuja redação parece ter se estendido, intermitentemente, até 1780.

1761 Julga-se que neste ano ou em 1762, Diderot começou a redigir *Le Neveu de Rameau* (O Sobrinho de Rameau), obra cujo término é situado entre 1775 e 1776.

1762 Edição de *Éloge de Richardson* (Elogio a Richardson).

1765 Os dez últimos tomos da *Enciclopédia*, impressos secretamente na Holanda, aparecem com endereço falso. Catarina II compra a biblioteca de Diderot, para que ele possa prover o dote de casamento da filha.

1766 Término do *Salão de* 1765, que inclui o escrito intitulado "Fragonard" e os "Essais sur la peinture" (Ensaios Sobre a Pintura), editados separadamente em 1795.

1769 Composição do *Entretien entre d'Alembert et Diderot* (Diálogo entre d'Alembert e Diderot), do *Rêve de d'Alembert* (O Sonho de d'Alembert) e dos *Principes philosophiques* *sur la matière et le mouvement* (Princípios Filosóficos Sobre a Matéria e o Movimento). "Regrets sur ma vieille robe de chambre" (Lamentações Sobre Meu Velho Robe), fragmento do *Salão de* 1767, é divulgado pela *Correspondance littéraire*.

1771 A *Correspondance littéraire* difunde o *Entretien d'un père avec ses enfants* (Colóquio de um Pai com Seus Filhos).

1772 Aparece *Sur les femmes* (Sobre as Mulheres). Conclusão de *Ceci n'est pas un conte* (Isto não é um Conto) e *Mme. de la Carlière*. Primeira versão do *Supplément au Voyage de Bougainville* (Suplemento à Viagem de Bougainville). Edição de *Traité du beau* (Tratado Sobre o Belo).

1773 Esboça o *Paradoxe sur le comédien* (Paradoxo Sobre o Comediante), viaja para a Rússia e para a Holanda.

1774 Delineia o *Entretien d'un philosophe avec Mme. la maréchale* (Colóquio com a Marechala).

1784 Diderot morre em Paris, no dia 30 de julho.

Diderot encontra Catarina, a Grande, em 1772. Gravura (detalhe).

NOTA SOBRE A TRADUÇÃO

Meu interesse pelo conjunto *Fils naturel/ Entretiens sur* le Fils naturel começou por uma decepção. Sempre ouvira falar da importância desses textos, mas, ao lê-los pela primeira vez, chamou-me a atenção, antes de mais nada, o caráter anacrônico da peça, que me pareceu uma exaltação dialogada da virtude. Aos poucos, fui percebendo o que há de novidade na primeira incursão de Diderot pelo teatro. Ele não só propõe um novo gênero, o gênero dramático sério, como se dispõe a discuti-lo nas três longas *Conversas* que acompanham a peça. Seu espírito inquieto denota a importante mudança de paradigma que se opera a partir do fim do século XVII na Europa ocidental, tirando daí as conseqüências que isso teve para a cena teatral. Diderot propôs várias reformas que valorizassem não apenas o texto, mas a especificidade propriamente cênica do espetáculo, dedicando especial atenção à organização de quadros cênicos, os *tableaux*, nos quais o trabalho do ator teria função especial, ganhando terreno para além da simples declamação.

A raiz da discussão a respeito do escopo da mimese teatral, isto é, daquilo que, no mundo, atrai a atenção do teatro, está indiciada no conjunto peça-conversas. Os artifícios utilizados por Diderot para atribuir veracidade à história têm, por um lado, muito de romanesco e, de certo modo, abrem o trabalho para o narrativo. Por outro lado, Diderot, por meio de seu alter-ego e personagem Dorval, tenta subtrair a representação ao caráter convencional dominante na época, propondo para ela um novo *locus* – o salão da família burguesa – e novos atores – as pessoas com quem a história aconteceu –, além de fazer da representação um ritual familiar, do qual os espectadores estariam banidos. Mas uma brecha se abre nesse reduto, franqueando-o ao olhar alheio: um espectador entra pela janela e assiste, incógnito, ao desenrolar da celebração familiar. Buscando a identificação extrema entre espectadores e ação, Diderot acaba inaugurando procedimentos que tiveram alentada descendência em diferentes áreas da criação. Admitindo, entretanto, um espectador, ainda que impedido de se manifestar para não trair sua presença, Diderot devolve o ritual à cena, entronizando os conflitos familiares no santuário profano do teatro, considerado, no século XVIII, como a mais pública das diversões.

Para esta tradução, utilizei a primeira edição de *Le Fils naturel ou les Épreuves de la vertu* (Comédie en cinq actes, et en prose, avec l'Histoire véritable de la Pièce), de 1757, procurando respeitar, na medida do possível, a diagramação original, que se esforça para distinguir as diversas vozes envolvidas na peça e na discussão sobre ela.

Apesar de saber que os usos e costumes da diagramação de originais variam ao longo do tempo, divirto-me em pensar que, apesar, e talvez mesmo por causa, desse caráter histórico, a organização da página de uma peça editada em 1757 pode nos levar a imaginar algo a respeito da relação entre forma gráfica e conteúdo.

A tentativa de Diderot de enfatizar a importância do trabalho do ator, sublinhando os modos de expressão das variadas emoções pelas quais os personagens passam, torna essenciais as numerosíssimas rubricas – uma novidade na época –, mas a indefinição do texto, que oscila entre ser um texto para ouvir e ser uma peça para ver, faz com que muitas das rubricas sejam redigidas como descrições num relato romanesco:

(*Charles acha que o patrão quer o chapéu e a espada; traz os dois, coloca-os numa poltrona e diz*:

CHARLES – Mais alguma coisa, senhor?[1]

Os parênteses que não se fecham e os dois pontos depois da palavra *diz* remetem a uma postura intermediária entre o teatro e a narrativa puramente literária, que procurei respeitar, sempre que possível.

Do mesmo modo, há falas que se compõem de diversos parágrafos. Algumas das edições modernas de *O Filho Natural* têm seguido a norma atual de fazer de cada fala um único e longo parágrafo. Como Laurent Versini[2], segui, neste particular, as indicações da edição original porque me pareceu que a argumentação dos personagens, sobretudo nas falas de Constance no primeiro ato e nas de Constance e Dorval no quarto ato, tinha uma certa pretensão filosófica e a divisão em parágrafos buscava, por um lado, organizar o raciocínio e, por outro, indicar, de algum modo, pausas na atuação.

O uso da pontuação é outro dos tópicos que gostaria de comentar. Procurei ater-me à pontuação indicada no original, sempre que isso não comprometesse a compreensão do texto. Frases muito curtas, que as edições modernas separam apenas por vírgulas, foram, na presente tradução, separadas por ponto,

1. Ato I, cena 2. Na edição de 1757, p. 13.

2. Diderot, *Oeuvres*, organizado por Laurent Versini. Paris: Robert Laffont, 1996, p. 1081-1190.

como consta no original. Acredito que esse tipo de estrutura verbal deriva do raciocínio que Diderot estava desenvolvendo na época a respeito da relação entre palavra e pensamento e entre emoção e atuação. Para Diderot, na primeira fase de sua reflexão, é flagrante a impossibilidade de a palavra captar com justeza a simultaneidade dos muitos pensamentos que ocupam nossa mente a cada momento. Daí Diderot ter formulado, na *Carta sobre os Surdos-mudos*[3] (1751), a noção de hieróglifo, condensado artístico que conseguiria sintetizar de forma sensível a peculiaridade do pensamento e que afetaria, por sua polivalência, o entendimento, a imaginação, os sentidos e o sentimento. Sua energia é o entusiasmo, característica marcante do homem de gênio. O hieróglifo é a matéria-prima que o gênio inventa para poder exprimir-se. As frases curtas de *O Filho Natural*, praticamente sobrepostas, parecem uma tentativa de aproximar a expressão verbal do sistema do pensamento, que se estrutura como uma constelação, por lampejos simultâneos, que, por sua vez, sugerem à atuação tom e postura vívidos, perpassados de emoção.

A contaminação entre Diderot, Dorval e o personagem Eu autoriza-nos a supor que a manifestação do entusiasmo, energia oriunda da natureza e que se propaga pelo intelecto e pela sensibilidade do homem genial, foco do interesse de Diderot naquele momento, transparece no estilo da peça "escrita" por Dorval e no das *Conversas*, "redigidas" pelo personagem Eu, todos alter-egos de Diderot: incontáveis pontos, pontos-e-vírgulas e sobretudo reticências cortam o texto, dando-lhe um aspecto, por assim dizer, arquejante.

Há, no original, utilização reiterada de minúsculas após ponto final, ponto de exclamação e de interrogação. Procuramos respeitar esse uso sempre que isso não dificultasse a leitura.

3. Diderot, *Lettre sur les sourds et muets*, editado por Paul Hugo Meyer, Genève: Droz, p. 70. (Edição brasileira: Diderot, *Carta sobre os Surdos-mudos para Uso dos Que Ouvem e Falam*, traduzido por Magnólia Costa Santos, São Paulo: Nova Alexandria, 1993, p. 46.)

Acreditamos que Diderot buscava, com esse recurso, aproximar a linguagem escrita do ritmo e do tom da fala: "Mas o que é que ela vai dizer? o que vai pensar?... Amor, sofista perigoso, eu te entendo". (Ato I, cena 3).

A imbricação entre Diderot, o narrador Eu e Dorval, que é a base da armação ficcional do conjunto peça-conversas, mas que, simultaneamente, denuncia a si mesma como ficção, talvez seja a causa da relativa diluição da passagem entre as vozes que se expressam ao longo do texto. O original de 1757 não uniformizou as marcas com que assinala a intervenção de outras vozes que se entrelaçam à do personagem que está falando. São usados, nessa primeira edição, diferentes recursos, como itálico, travessão ou aspas (que nem sempre se fecham) depois de dois pontos, havendo, entretanto, momentos em que falas de outros personagens são reportadas por aquele que está com a palavra, sem que nenhuma marca seja utilizada. Nesse particular, para maior clareza, decidimos, em nossa tradução, usar, ao longo da peça, aspas sempre que sejam reportadas por um personagem falas de outrem. Nas *Conversas*, sempre que uma fala da peça teatral é reportada, utilizamos itálico e aspas e, quando vários interlocutores intervêm no interior de uma fala, distinguimos a participação de cada um pelo uso de uma marca específica. Por exemplo: quando Dorval, na *Segunda Conversa*, reporta o longo diálogo que manteve com André a respeito da transposição dramatúrgica da aventura vivida pelo rapaz e por Lysimond, as falas de André e as do próprio Dorval vêm antecedidas de travessões e as de Lysimond vêm entre aspas simples.

A mescla entre a convenção teatral e a romanesca fica bastante nítida na estruturação das *Conversas*, que alternam diálogos e intervenções que tanto podem ser lidas como rubricas teatrais quanto como interferências de um narrador num romance.

Busquei, para a tradução, um tom coloquial correto, evitando dissolver totalmente a distância que nos separa do texto, mas tendo em vista que, afinal, trata-se de uma peça de teatro e, portanto, a oralidade deve prevalecer. Evitei, por exemplo, as mesóclises, mas utilizei determinados termos que remetem ao passado, buscando ganhar, por meio do vocabulário, a pátina do tempo que foi atenuada na construção das frases.

Trabalhar com um texto que já tem mais de 250 anos apresenta problemas variados que vão da ortografia e dos sinais tipográficos que se alteraram ao universo espiritual e material que se tornou, em alguns casos, bastante distante do leitor contemporâneo. Uma tarefa como esta não pode ser realizada sem o auxílio de variados interlocutores aos quais quero consignar aqui os meus mais sinceros agradecimentos.

Em primeiro lugar, agradeço a J. Guinsburg, Sérgio Paulo Rouanet e Renato Janine Ribeiro, especialistas no autor e na época, pela valiosa interlocução. O professor J. Guinsburg veio em meu auxílio em questões conceituais relativas ao emprego de termos do vocabulário teatral e cênico do século XVIII. Sérgio Paulo Rouanet e Renato Janine Ribeiro tiveram a generosidade de discutir comigo o significado e a abrangência de termos do âmbito da sociologia que são ainda hoje utilizados, mas que, nesses dois séculos e meio que nos separam de Diderot, adquiriram nuances que é preciso levar em conta. Sou muito grata a todos pela disponibilidade e pelo estímulo que sua ajuda representou.

Muito contribuiu também o professor Pierre Frantz, da Universidade de Paris X, com quem discuti vantagens e desvantagens de, seguindo os usos da linguagem oral do Brasil contemporâneo, traduzir *tu* e *vous*, de acordo com a situação e os interlocutores nela envolvidos, por *você*, *o senhor*, *a senhora*.

Agradeço ainda à Biblioteca Nacional, na pessoa de Angela Salles, à Bibliothèque de l'Arsenal e à Bibliothèque Nationale de Paris. Agradeço, sobretudo, ao Centre National du Livre a bolsa para tradutores que me foi concedida em 2004 e que me permitiu realizar em Paris as pesquisas necessárias à presente tradução.

Agradeço a Hermano Taruma e a Pedro Süssekind pelo diálogo sempre proveitoso e a Cecília Araújo pela ajuda com as citações em latim.

Não quero deixar de mencionar a delicadeza, a paciência e a minúcia que Denise Vaudois demonstrou nas nossas incontáveis leituras da tradução para cotejamento com o original.

E, *last but not least*, meu muito obrigada a Antonio Guedes que, a partir de seu olhar como encenador, ajudou-me a eliminar da tradução o que, em cena, soaria incompreensível para o espectador de hoje. Porque, afinal, uma peça de teatro, independente do que afirme o autor, destina-se à montagem e ao público espectador.

Fátima Saadi

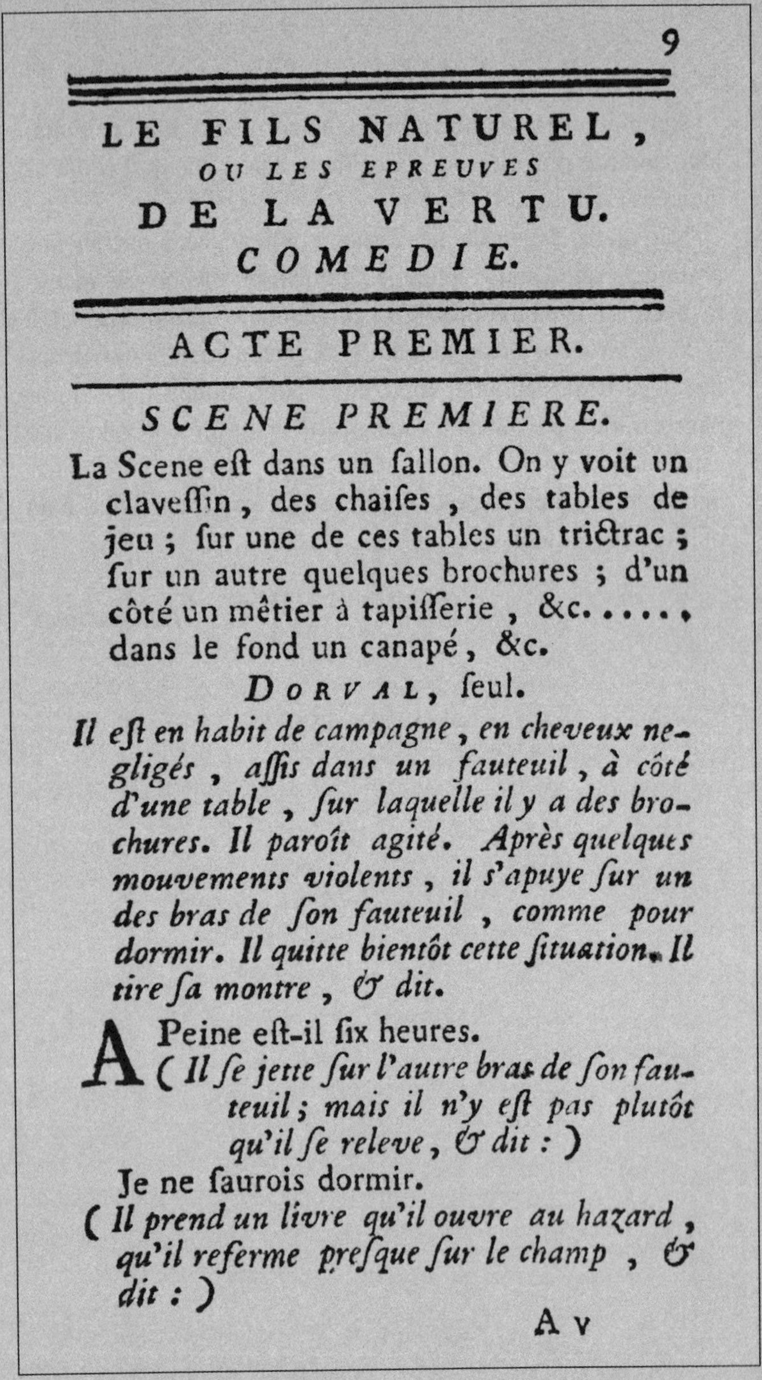

9

LE FILS NATUREL,
OU LES EPREUVES
DE LA VERTU.
COMEDIE.

ACTE PREMIER.

SCENE PREMIERE.

La Scene eſt dans un ſallon. On y voit un claveſſin, des chaiſes, des tables de jeu; ſur une de ces tables un trictrac; ſur un autre quelques brochures; d'un côté un mêtier à tapiſſerie, &c....., dans le fond un canapé, &c.

*D*ORVAL, ſeul.

Il eſt en habit de campagne, en cheveux negligés, aſſis dans un fauteuil, à côté d'une table, ſur laquelle il y a des brochures. Il paroît agité. Après quelques mouvements violents, il s'apuye ſur un des bras de ſon fauteuil, comme pour dormir. Il quitte bientôt cette ſituation. Il tire ſa montre, & dit.

A Peine eſt-il ſix heures.
(Il ſe jette ſur l'autre bras de ſon fauteuil; mais il n'y eſt pas plutôt qu'il ſe releve, & dit:)

Je ne ſaurois dormir.
(Il prend un livre qu'il ouvre au hazard, qu'il referme preſque ſur le champ, & dit:)

A v

Página de abertura da primeira edição de *O Filho Natural ou As Provações da Virtude*, Amsterdã, 1757.

O FILHO NATURAL

OU

AS PROVAÇÕES
DA VIRTUDE

COMÉDIA
EM CINCO ATOS E EM PROSA,
COM A HISTÓRIA VERDADEIRA DA PEÇA*

* Serviu de base para esta tradução a edição de 1757, *Le Fils naturel, ou Les Épreuves de la vertu*. Comédie en cinq Actes, et en Prose, avec L'Histoire véritable de la Pièce, publicada anonimamente em Amsterdã (Bibliothèque Nationale/ Paris). Foram também utilizadas, ao longo do trabalho de tradução e de elaboração das notas, a edição da peça e das *Conversas*, estabelecida por Laurent Versini (Diderot, *Oeuvres*, editado por Robert Laffont, Paris, 1996, p. 1081-1190); a edição das *Conversas*, estabelecida por Paul Vernière (Diderot, *Oeuvres esthétiques*, Paris: Dunod, 1994, p. 77-175.); a edição da peça, estabelecida por Jacques Truchet para o volume *Théâtre du XVIIIe siècle*, v. 2 (Bibliothèque de la Pléiade, Paris: Gallimard, 1974, p. 3-56); a edição da peça e das *Conversas* publicada pela coleção Classiques Larousse, com introdução e notas de Jean-Pol Caput (Diderot, *Le Fils naturel et les Entretiens sur "Le Fils naturel"*, Paris: Larousse, 1975); e a edição das *Conversas*, estabelecida por André Billy para a Pléiade (Diderot, *Oeuvres*, Paris: Gallimard, 1951, p. 1201-1273). Tive ainda acesso à tradução italiana de Marialuisa Grilli, *Il figlio naturale ovvero Le prove della virtù* e *Dorval ed io o Dialoghi sul Figlio naturale* (In: Diderot, Denis. *Teatro e scritti sul teatro*, Firenze: La Nuova Italia, 1980, p. 33-149) e à tradução parcial do conjunto peça-conversas, feita por Ana Carina Reis, Joana Jacob, Rita de Azevedo e José Valentim Lemos, sob a coordenação deste último (Diderot, *O Filho Natural* [montagem sinóptica]; *Conversa sobre* O Filho Natural [tradução 1ª conversa, sinopse temática 2ª e 3ª conversas], Lisboa: Centro de Documentação e Investigação Teatral, 1996).

Interdum speciosa locis, morataque recte
Fabula, nullius veneris, sine pondere et arte,
Valdius oblectat populum meliusque moratur
Quam versus inopes rerum nugaeque canorae.

HORAT. *Art. Poet.*[1]

1. Horácio, *Arte Poética*. Versos 319-322: "Uma peça abrilhantada pelas verdades gerais e pela correta descrição dos caracteres, porém de nenhuma beleza, sem peso nem arte, por vezes deleita mais fortemente o público e o retém melhor do que versos pobres de assunto e bagatelas maviosas." (Trad. de Jaime Bruna, em Aristóteles, Horácio, Longino, *A Poética Clássica*, São Paulo: Cultrix/ Edusp, 1981, p. 64.)

O sexto volume da *Enciclopédia* tinha acabado de ser publicado e eu tinha ido buscar no campo repouso e saúde[2], quando um acontecimento, tão interessante pelas circunstâncias quanto pelas pessoas envolvidas, tornou-se o assombro e o tema de todas as conversas do lugar. Só se falava do homem incomum que, num mesmo dia, tinha tido a felicidade de arriscar a vida por um amigo e a coragem de sacrificar-lhe também paixão, fortuna e liberdade.

Quis conhecer aquele homem. Conheci-o, e achei que correspondia perfeitamente à descrição que tinham feito dele: sombrio e melancólico. O sofrimento e a dor, ao abandonarem uma alma que haviam habitado por tanto tempo, deixaram em seu lugar a tristeza. Ele era triste na conversa, triste na

2. O sexto volume da *Enciclopédia* foi publicado em maio de 1756. Em julho, Diderot, desgastado por problemas com a edição e conflitos com colaboradores, passa três semanas na casa de campo de seu editor, Le Breton, em Massy, pequena cidade do departamento de Essone, de onde se avista o vale do rio Bièvre.

postura, a não ser quando falava da virtude ou experimentava os transportes[3] que ela provoca naqueles que têm por ela a mais elevada estima. Nessas ocasiões, seria possível dizer que ele se transfigurava. A serenidade se estampava em seu rosto. Os olhos se tornavam brilhantes e serenos. Sua voz tinha um encanto inexprimível. Seu discurso se tornava patético[4]: era um encadeamento de idéias austeras e imagens tocantes que prendiam a atenção e contentavam a alma. Mas como se vê à noite, no outono, quando o tempo está nublado e encoberto, a luz traspassar uma nuvem, brilhar um instante e se perder no céu escuro, logo sua alegria se eclipsava e, de repente, ele mergulhava outra vez no silêncio e na melancolia.

Dorval era assim. Seja porque alguém tivesse falado em meu favor, seja porque, como se diz, há pessoas feitas para gostar uma da outra logo que se encontram, ele me recebeu de uma forma aberta que causou surpresa a todo mundo, menos a mim; e, desde a segunda vez que nos vimos, achei que podia, sem ser indiscreto, falar da família dele e de tudo o que tinha acabado de acontecer. Ele respondeu às minhas perguntas. Contou sua história. Eu estremeci, com ele, diante das provações às quais o homem de bem se vê às vezes exposto e disse-lhe que uma obra dramática cujo tema fossem essas provações impressionaria todos aqueles que têm sensibilidade, virtude e noção da fraqueza humana.

"Ai!", respondeu num suspiro, "o senhor teve a mesma idéia que meu pai. Algum tempo depois da chegada dele, quando nossos transportes de emoção começavam a dar lugar a uma alegria mais tranqüila e mais suave e desfrutávamos o prazer de estar sentados todos juntos, ele me disse:

3. O termo *transport*, manifestação violenta de uma paixão que afeta intensamente a sensibilidade, é utilizado por Diderot em diversas passagens. Segundo a circunstância, traduzimos *transport* por transporte, arroubo ou arrebatamento.

4. O sentido predominante do termo *pathétique*, no século XVIII, está ligado à paixão, às emoções, enfim, ao *pathos*. Nesta ocorrência, poderíamos substituí-lo por comovente.

"Dorval, todos os dias eu falo ao Céu[5] sobre Rosali e sobre você. Dou graças por vocês terem sido preservados até a minha volta, mas, sobretudo, por se terem conservado inocentes. Ah, meu filho, não posso olhar para Rosali sem estremecer ao pensar no perigo que você correu. Quanto mais olho para ela, mais honesta e bela me parece e então o perigo me parece ainda maior. Mas o Céu que hoje vela por nós pode abandonar-nos amanhã. Ninguém conhece o seu destino. Tudo o que sabemos é que, à medida que a vida vai passando, escapamos à maldade que nos persegue. Todas as vezes que me lembro da sua história, eu penso nisso e me consolo do pouco tempo de vida que me resta, e, se você quisesse, essa seria a moral de uma peça cujo tema seria uma parte da nossa vida e que representaríamos entre nós".

"Uma peça, meu pai!..."

"Sim, meu filho. Não se trata de montar um palco, mas de conservar a memória de um acontecimento que nos toca e de mostrá-lo como ele se passou... Nós o reviveríamos, sim, nós mesmos, todos os anos, nesta casa, neste salão. Diríamos novamente as coisas que dissemos. Seus filhos fariam o mesmo, e os filhos dos seus filhos e os filhos deles. E eu sobreviveria a mim mesmo e conversaria assim, de geração em geração, com todos os meus descendentes... Você não acha, Dorval, que uma peça que transmitisse a eles nossas próprias idéias, nossos sentimentos verdadeiros, as palavras que dissemos em uma das circunstâncias mais importantes de nossa vida valeriam mais que retratos de família que só mostram de nós um momento de nosso semblante?"

"Quer dizer que o senhor está me mandando pintar a sua alma, a minha, as de Constance, Clairville e Rosali. Ah, meu pai, é uma tarefa acima das minhas forças e o senhor sabe que é!"

5. O termo aparece na edição de 1757 sempre com inicial maiúscula, mesmo quando não utilizado em acepção religiosa, como ocorrerá mais adiante.

"Escute, eu pretendo fazer o meu papel na peça ao menos uma vez antes de morrer, e pedi ao André para pôr num baú todas as roupas que trouxemos conosco das prisões".

"Mas, pai..."

"Meus filhos nunca me recusaram nada; não há de ser agora que vão querer começar".

Neste ponto, Dorval, desviando o rosto e escondendo as lágrimas, disse-me no tom de alguém que tenta controlar a dor: "... a peça está pronta... Mas aquele que a encomendou não está mais aqui... ". Depois de um instante de silêncio, acrescentou: "A peça ficou aí e eu a tinha praticamente esquecido; mas eles me repetiram tanto que isso era contrariar a vontade do meu pai que acabaram por convencer-me, e, no próximo domingo, vamos nos desincumbir, pela primeira vez, de uma coisa que eles são unânimes em reconhecer como um dever".

"Ah, Dorval", disse a ele, "se eu me atrevesse a..." "Entendo", respondeu Dorval, "mas o senhor acha que seja uma coisa que eu possa propor a Constance, Clairville e Rosali? O assunto da peça o senhor já conhece, daí poder facilmente imaginar que há certas cenas em que a presença de um estranho seria muito constrangedora. Entretanto, sou eu que mando arrumar o salão. Não estou prometendo nada. Também não estou dizendo que não. Vamos ver".

Dorval e eu nos despedimos. Era uma segunda-feira. Ele não mandou dizer nada a semana toda. Mas, no domingo de manhã, escreveu-me: ... *Hoje, às três em ponto, na porta do jardim*... Fui até lá. Entrei no salão pela janela; e Dorval, que tinha afastado todo mundo, colocou-me num canto de onde, sem ser visto, eu vi e ouvi o que se vai ler em seguida, com exceção da última cena. De outra vez eu conto por que não ouvi[6] a última cena.

6. Em francês: "pourquoi je n'entendis pas". O caráter eminentemente literário do teatro francês no século XVIII explica o uso do verbo *ouvir* no sentido de *assistir a um espetáculo*.

Estes são os nomes dos personagens reais da peça, seguidos dos nomes dos atores que poderiam substituí-los[7]*:*

LYSIMOND
pai de Dorval e de Rosali, M. Sarrazin

DORVAL
filho natural de Lysimond e amigo de Clairville, M. Grandval

ROSALI
filha de Lysimond, Mlle. Gaussin

JUSTINE
dama de companhia de Rosali, Mlle. Dangeville

ANDRÉ
servidor de Lysimond, M. Le Grand

CHARLES
criado de Dorval, M. Armand

CLAIRVILLE
amigo de Dorval e noivo de Rosali, M. Lequin

CONSTANCE
jovem viúva, irmã de Clairville, Mlle. Clairon

SILVESTRE
criado de Clairville

Outros empregados da casa de Clairville.

A cena se passa em Saint-Germain-en-Laye[8]

A ação começa ao amanhecer e se passa num dos salões da casa de Clairville.

7. Laurent Versini assinala que essa distribuição ideal não pôde ser observada quando a peça foi representada na Comédie-Française, em 1771, porque Mlle. Clairon, Mlle. Dangeville e Mlle. Gaussin já se tinham aposentado, porém M. Sarrazin fez o papel de Lysimond, como Diderot desejava (Cf. Diderot, *Oeuvres*, op. cit, p. 1083).

8. Pequena cidade aprazível, próxima a Versalhes, cercada de florestas onde os reis de França costumavam caçar.

ATO I

Cena 1[1]

A cena se passa num salão. Vemos um clavecino, cadeiras, mesas de jogo; numa das mesas, um tabuleiro de gamão; noutra, algumas brochuras; de um lado, um trabalho de tapeçaria começado etc., ao fundo, um canapé etc.

DORVAL, *sozinho.*

Usa roupas apropriadas a uma estadia no campo, o cabelo em desalinho; está sentado numa poltrona, ao lado de uma mesa sobre a qual há algumas brochuras. Parece agitado. Depois de alguns movimentos violentos, apóia-se sobre um dos braços da poltrona, como se fosse dormir. Mas logo desiste. Tira o relógio do bolso e diz:

1. Nesta cena e na seguinte, a diagramação da edição de 1757, que procuramos respeitar o mais possível, denota a indecisão em relação à utilização ou não das normas de apresentação gráfica de peças de teatro que, de modo geral, colocam as rubricas entre parênteses e em itálico, distinguindo-as assim das falas dos personagens.

Seis horas ainda.

Joga-se sobre o outro braço da poltrona, mas de novo logo se levanta e diz:

Não vou dormir.

Pega um livro, abre ao acaso, fecha quase imediatamente, e diz:

Estou lendo sem prestar a menor atenção.

Levanta. Anda de um lado para o outro e diz:

Não posso me impedir de… É preciso sair daqui… Sair daqui! Mas estou preso a esta casa! Estou apaixonado!… (*Como que assustado*) e por quem?… Atrevo-me a confessá-lo a mim mesmo, infeliz, e fico. (*Chama com violência.*) Charles, Charles.

Cena 2 (Esta cena é bem rápida.)

DORVAL, CHARLES

(*Charles acha que o patrão quer o chapéu e a espada; traz os dois, coloca-os numa poltrona e diz*:

CHARLES – Mais alguma coisa, senhor?

DORVAL – Cavalos; minha caleça.

CHARLES – Então nós vamos embora?

DORVAL – Agora mesmo. (*Está sentado na poltrona e, enquanto fala, vai juntando livros, papéis, brochuras, como para empacotá-los.*)

CHARLES – Mas, senhor, ninguém acordou ainda.

DORVAL – Não vou me despedir de ninguém.

CHARLES – Será possível?

DORVAL – É preciso.

CHARLES – Mas, senhor…

DORVAL (*Voltando-se para Charles, com um ar triste e abatido.*) – Pois é, Charles!

CHARLES – Desculpe, senhor, mas deixar assim, sem falar com ninguém, uma casa onde o senhor foi acolhido, onde todos o consideram e adivinham todos os seus desejos...

DORVAL – Eu sei, eu sei. Você tem toda razão. Mas vou embora assim mesmo.

CHARLES – O que o seu amigo Clairville vai dizer? E Constance, irmã dele, que fez de tudo para que o senhor se afeiçoasse a este lugar? (*Em tom mais baixo.*) E Rosali?... o senhor não vai mais vê-los?

DORVAL (*Suspira profundamente, deixa a cabeça cair entre as mãos enquanto Charles continua.*)

CHARLES – Clairville e Rosali estavam orgulhosos de poder contar com o senhor como testemunha do casamento deles. Rosali estava feliz porque ia apresentar o senhor ao pai dela. O senhor ia acompanhar todos eles ao altar.

DORVAL (*Suspira, agita-se etc.*)

CHARLES – O velho chega e o senhor vai embora. Ora, meu caro patrão, desculpe dizer, mas as atitudes esquisitas raramente são sensatas... Clairville! Constance! Rosali!

DORVAL (*Bruscamente, levantando.*) – Já falei: cavalos, minha caleça.

CHARLES – Na hora em que o pai de Rosali está chegando de uma viagem de mais de mil léguas! Na véspera do casamento do seu amigo!

DORVAL (*Furioso... para Charles.*) – Desgraçado!... (*Para si mesmo, mordendo o lábio e batendo no peito.*) é o que eu sou... Você está perdendo tempo e me atrasando.

CHARLES – Já estou indo.

DORVAL – Rápido.

Cena 3

DORVAL, *sozinho*

DORVAL (*Continua a andar e a refletir.*) – Ir embora sem me despedir! ele tem razão; seria realmente muito esquisito, muito inconseqüente... E o que essas palavras significam? Afinal o importante é o que as pessoas vão achar ou o que é correto fazer?... Mas, no fim das contas, por que eu não veria Clairville e a irmã dele? Será que não é possível deixá-los sem ter que revelar o motivo da partida?... E Rosali? Vou embora sem vê-la?... Não, neste caso, o amor e a amizade não impõem os mesmos deveres, sobretudo em se tratando de um amor insensato, ignorado por todos e que é preciso sufocar... Mas o que é que ela vai dizer? o que vai pensar?... Amor, sofista perigoso, eu te entendo.

(*Constance chega com um vestido matinal*[2], *por sua vez atormentada por uma paixão que lhe tira o sossego. Um momento depois, entram os criados que arrumam o salão e pegam as coisas que pertencem a Dorval ... Entra também Charles, que mandou alguém à posta*[3] *providenciar os cavalos para a caleça.*)

Cena 4

DORVAL, CONSTANCE, *criados*

DORVAL – Tão cedo assim, minha senhora?

CONSTANCE – Perdi o sono. E o senhor, já arrumado!

DORVAL (*Rápido.*) – Acabei de receber umas cartas. Um negócio urgente exige a minha presença em Paris. Vou só tomar o chá. (*Para Charles.*) Traga o chá. Lembranças a Clairville. Agradeço aos dois todas as gentilezas que tiveram para comigo. Vou me jogar dentro da minha caleça e partir.

CONSTANCE – Partir? Será possível?

DORVAL – Infelizmente é imprescindível.

2. No original, *robe de matin*, vestido despretensioso, em oposição ao traje formal que as mulheres usavam para se apresentar em sociedade.

3. Posta: estação para muda de parelhas das diligências.

(*Os empregados, que acabaram de arrumar o salão e de recolher os pertences de Dorval, afastam-se. Charles coloca o chá sobre uma das mesas. Dorval toma o chá.*)

(*Constance, um cotovelo sobre a mesa e a cabeça apoiada numa das mãos, permanece nessa pose pensativa.*)

DORVAL – Está pensativa, Constance.

CONSTANCE (*Emocionada ou, na verdade, com um sangue frio um pouco forçado.*) – É verdade... mas acho que estou enganada... a vida que levamos aqui aborrece-o... Já faz algum tempo que percebi.

DORVAL – Aborrece? A mim? Não, não é isso!

CONSTANCE – O que é então?... Acho o senhor com um ar tão triste...

DORVAL – A infelicidade deixa marcas... A senhora sabe... Juro que há muito tempo eu não vivia momentos tão doces como os que passei aqui.

CONSTANCE – Se isso é verdade, o senhor, sem dúvida, voltará.

DORVAL – Não sei... Nunca consegui saber ao certo o que ia me acontecer.

CONSTANCE (*Depois de andar um pouco a esmo.*) – Só me resta, portanto, este momento. É preciso falar. (*Pausa.*)

Dorval, escute. O senhor me encontrou aqui, faz seis meses, tranqüila e feliz. Eu tinha passado por todos os desgostos dos enlaces desajustados. Livre desses laços, prometi a mim mesma independência eterna e havia baseado a minha felicidade na aversão a qualquer ligação e na segurança de uma vida retirada.

Depois de longos sofrimentos, a solidão tem tantos encantos! A pessoa pode, enfim, respirar em liberdade. Eu me entretinha comigo mesma, eu me entretinha com os sofrimentos passados. Sentia que eles haviam depurado meu raciocínio. Meus dias, sempre inocentes, às vezes deliciosos, dividiam-se entre a leitura, os passeios e as conversas com meu irmão. Clairville me falava sem parar de seu amigo, um amigo sério e de alto valor. Eu tinha um prazer enorme em escutá-lo! Como eu desejava conhecer um homem que meu irmão amava, respeitava sob tantos aspectos e que tinha lançado em seu coração as primeiras sementes da sabedoria!

Digo-lhe mais. Mesmo de longe, eu seguia os seus passos, e a jovem Rosali, que o senhor conheceu em nossa casa, era objeto de todos os meus cuidados, como Clairville havia sido objeto dos seus.

DORVAL (*Emocionado e enternecido.*) – Rosali!

CONSTANCE – Percebi o interesse que Clairville tinha por ela e passei a dedicar-me a formar o espírito e, sobretudo, o caráter desta menina que um dia deveria unir seu destino ao do meu irmão. Ele é avoado, eu procurava torná-la prudente. Ele é violento; eu cultivava nela sua doçura natural. Eu me deliciava ao pensar que estava preparando, em acordo com o senhor, a união mais feliz do mundo. Foi aí que o senhor chegou. Ai!...

(*Aqui a voz de Constance assume um tom carinhoso e torna-se um pouco mais fraca.*)

A sua presença, que devia esclarecer-me e encorajar-me, não teve o efeito que eu esperava. Pouco a pouco minhas preocupações se desviavam de Rosali. Eu não ensinava mais a ela a arte de agradar... e não demorei muito a descobrir a razão.

Dorval, eu compreendi todo o poder que a virtude exercia sobre o senhor e tive a impressão de que eu a amava ainda mais. Decidi entrar em sua alma pela virtude e acho que nunca tive um propósito mais em acordo com o meu próprio coração. Como é feliz, eu dizia a mim mesma, a mulher cujo único meio de ligar a si aquele que ela escolheu é aumentar a estima que deve ter por si mesma, é elevar-se incessantemente a seus próprios olhos.

Não empreguei outro recurso. Se não esperei o resultado, se estou tendo que falar, foi porque me faltou tempo, não confiança. Nem por um instante duvidei de que a virtude fizesse nascer o amor, quando chegasse a hora. (*Pequena pausa: para uma mulher como Constance, o que se segue deve ser muito difícil de dizer.*)

Será que vou confessar ao senhor o que mais me custou? Foi esconder aqueles movimentos tão ternos e tão contidos que quase sempre denunciam uma mulher que ama. A razão se faz ouvir de tempos em tempos, mas o coração, importuno, fala sem parar... Dorval, cem vezes me veio aos lábios a palavra fatal ao meu projeto. Algumas vezes ela chegou até a me escapar, mas o senhor não a ouviu e eu fiquei bem contente.

Constance é assim. Se o senhor lhe fugir, ela, ao menos, não terá de que se envergonhar. E, longe do senhor, ela estará ainda no seio da virtude. E enquanto tantas mulheres abominarão o instante em que o objeto de uma ternura criminosa lhes arrancou do coração um suspiro, Constance só recordará Dorval para felicitar-se pelo fato de tê-lo conhecido. Ou, se algum amargor se mesclar à sua lembrança, restará a ela um doce e firme consolo nos próprios sentimentos que o senhor lhe inspirou.

Cena 5

DORVAL, CONSTANCE, CLAIRVILLE

DORVAL – Senhora, seu irmão.

CONSTANCE (*Triste, diz*:) – Clairville, Dorval está de partida. (*Sai.*)

CLAIRVILLE – Acabaram de me dizer.

Cena 6

DORVAL, CLAIRVILLE

DORVAL (*Dando alguns passos, distraído e sem jeito.*) – Cartas de Paris... Negócios urgentes... Um banqueiro em dificuldades...

Clairville – Meu amigo, você não vai embora sem me ouvir um momento. Nunca precisei tanto de sua ajuda.

Dorval – Estou às ordens; mas, por favor, não duvide de que tenho razões fortíssimas para...

Clairville (*Aflito.*) – Eu tinha um amigo e esse amigo me abandona. Eu era amado por Rosali e Rosali já não me ama. Estou desesperado... Dorval, você vai me abandonar?...

Dorval – O que posso fazer por você?

Clairville – Você sabe como eu amo Rosali!... Não, você não sabe de nada. Mais do que qualquer outra, minha maior virtude é o amor. Eu quase coro de vergonha por isso diante de você... Pois bem, Dorval, vou corar de vergonha, se necessário; mas eu a adoro... Nem consigo dizer a você tudo o que já sofri! Com que cautela, com que delicadeza eu calei a paixão mais forte!... Rosali vivia retirada, perto daqui, com uma tia. Era uma amiga de Constance, uma senhora muito idosa, que já tinha vivido nas Antilhas[4]. Eu via Rosali todos os dias e a cada dia eu a achava mais encantadora e me sentia mais e mais perturbado. Morre a tia. Nos seus últimos momentos, chama minha irmã, estende a mão já sem forças e, mostrando Rosali inconsolável junto ao leito, ela a olhou sem nada dizer; em seguida, olhou para Constance; as lágrimas caíam de seus olhos; ela suspirou e minha irmã compreendeu tudo. Rosali se tornou sua companheira, sua pupila, sua aluna e eu, eu me tornei o homem mais feliz do mundo. Constance via minha paixão: Rosali parecia corresponder. Nada ameaçava minha felicidade, a não ser o desejo da mãe aflita, que chamava a filha para junto de si. Eu já estava me preparando para mudar para os países distantes onde Rosali nasceu: mas a mãe dela morre e o pai, apesar da velhice, decide voltar para cá.

Eu estava apenas esperando o pai dela para completar minha felicidade; agora ele está chegando e vai me encontrar desesperado.

4. No original, *américaine*, isto é, uma européia que havia vivido nas Antilhas.

DORVAL – Não vejo razão para isso.

CLAIRVILLE – Mas eu acabei de dizer. Rosali já não me ama. À medida que os obstáculos que se opunham à minha felicidade iam desaparecendo, ela ia se tornando reservada, fria, indiferente. Os ternos sentimentos que ela expressava com uma ingenuidade que me encantava deram lugar a uma cortesia que me mata. Está indiferente a tudo. Nada lhe interessa. Nada consegue diverti-la. Ela vê que estou me aproximando? Trata logo de se afastar. O pai dela vai chegar e ela nem está ligando para um acontecimento que ela desejava tanto, pelo qual esperou tanto... Um gosto sombrio pela solidão foi tudo o que restou. Constance tem sido tão maltratada quanto eu. Se Rosali ainda nos procura é para usar um como pretexto para fugir do outro e, para cúmulo da desgraça, nem minha irmã parece mais se interessar por mim.

DORVAL – Nisto eu o reconheço bem: você se inquieta, sofre, justamente no momento em que alcança a felicidade.

CLAIRVILLE – Ah, meu caro Dorval, você não está acreditando. Mas veja...

DORVAL – Não vejo, na conduta de Rosali, nada além dos altos e baixos aos quais as mulheres, mesmo as mais bem-nascidas, estão sujeitas e que às vezes é tão doce ter que perdoar. Elas têm os sentimentos tão delicados, a alma delas é tão sensível, seus nervos são tão frágeis que uma suspeita, uma palavra, uma idéia basta para alarmá-las. Meu amigo, a alma delas se assemelha ao cristal de uma onda pura e transparente, onde foi pintado o espetáculo tranqüilo da natureza. Se uma folha, ao cair, agita essa superfície, todos os objetos se turvam.

CLAIRVILLE (*Aflito.*) – Você está me consolando; Dorval, estou perdido. Sinto com a maior intensidade... que não posso viver sem Rosali; mas seja qual for o destino que me aguarda, quero saber de tudo antes da chegada do pai dela.

DORVAL – Em que posso ser útil?

CLAIRVILLE – Você tem que falar com Rosali.

DORVAL – Falar com Rosali!

CLAIRVILLE – Sim, meu amigo. Ninguém no mundo, a não ser você, conseguiria trazê-la de volta para mim. A estima que ela tem por você me dá grandes esperanças.

DORVAL – Clairville, o que você está me pedindo? Rosali mal me conhece e eu sou muito pouco afeito a esse tipo de conversa.

CLAIRVILLE – Você tem talento para tudo e não vai me recusar uma coisa dessas. Rosali tem veneração por você. Sua presença infunde nela grande respeito, foi ela mesma quem disse. Ela nunca terá coragem de se mostrar injusta, inconstante, ingrata a seus olhos. Esse é o privilégio soberano da virtude: impor-se a todos os que dela se aproximam. Dorval, basta você aparecer diante de Rosali e ela logo vai voltar a ser para mim o que ela deve ser, o que ela era.

DORVAL (*Pondo a mão no ombro de Clairville.*) – Ah, coitado!

CLAIRVILLE – E como, meu amigo!

DORVAL – Você exige...

CLAIRVILLE – Exijo...

DORVAL – Vou fazer o que você quer.

Cena 7

DORVAL, *sozinho*

Quantas novas complicações!... o irmão... a irmã... Amigo cruel, apaixonado cego, o que você está me propondo?... "Basta você aparecer diante de Rosali"! Eu, aparecer diante de Rosali, eu que teria preferido me esconder de mim mesmo... O que vai ser de mim se Rosali desconfiar? E como vou controlar meus olhos, minha voz, meu coração?... Quem responderá por mim?... A virtude?... Será que ainda me sobrou algum resquício dela?

Fim do primeiro ato

ATO II

Cena 1

ROSALI, JUSTINE

ROSALI – Justine, traga o meu trabalho.

(*Justine traz para perto de Rosali um bastidor com uma tapeçaria. Rosali se apóia nele tristemente. Justine está sentada num outro canto. Elas trabalham. Rosali não pára, a não ser para enxugar as lágrimas que caem de seus olhos, mas logo recomeça a trabalhar. O silêncio dura um certo tempo, durante o qual Justine larga o que está fazendo e observa a patroa.*)

JUSTINE – Esta é a alegria com que a senhora espera o senhor seu pai? São estas as demonstrações de afeto que está preparando para ele? De um tempo para cá já não entendo nada do que se passa em sua alma. E, com certeza, o que está se passando nela não presta, porque a senhora nem me conta, o que eu acho até melhor.

Rosali (*Nenhuma resposta da parte de Rosali, apenas suspiros, silêncio e lágrimas.*)

Justine – A senhorita perdeu a cabeça? No momento em que o pai chega! nas vésperas do casamento! Mais uma vez: a senhorita perdeu a cabeça?

Rosali – Não, Justine.

Justine (*Depois de uma pausa.*) – Aconteceu alguma coisa ruim com o senhor seu pai?

Rosali – Não, Justine. (*Todas essas perguntas são feitas a intervalos diferentes, durante os quais Justine larga e retoma o trabalho.*)

Justine (*Depois de uma pausa um pouco mais longa.*) – Por acaso, será que a senhorita já não ama Clairville?

Rosali – Não, Justine.

Justine (*Fica um momento estupefata. Diz em seguida:*) – Então essa é a causa dos suspiros, do silêncio e das lágrimas?... Oh! num caso desses, os homens só podem mesmo dizer que somos loucas; que perdemos a cabeça hoje por um objeto que amanhã gostaríamos de ver a mil léguas de distância. Eles podem dizer de nós o que quiserem, que eu, pela minha vida, não os desdigo... A senhorita não imaginou que eu aprovaria esse capricho... Clairville a ama perdidamente. A senhorita não tem nenhum motivo de queixa contra ele. Se alguma mulher pode se gabar de ter um noivo carinhoso, fiel, honesto; de ter conquistado um homem inteligente, bonito, direito, essa mulher é a senhorita. Direito! Senhorita, direito!... Nunca imaginei que se pudesse parar de amar, e, ainda por cima, sem motivo algum. Tem alguma coisa aí que eu não estou entendendo de jeito nenhum.

(*Justine pára por um momento. Rosali continua a trabalhar e a chorar. Justine recomeça, num tom hipócrita e melífluo e diz, ao mesmo tempo que trabalha e sem levantar os olhos da tapeçaria:*)

Afinal, se a senhorita já não ama Clairville, é uma amolação... mas não é preciso desesperar-se assim... Então, depois dele, não haveria mais ninguém no mundo que a senhorita pudesse amar?

ROSALI – Não, Justine.

JUSTINE – Ora, por essa eu não esperava.

(*Dorval entra, Justine se retira; Rosali abandona o trabalho, e trata de enxugar os olhos e aparentar um rosto sereno. Antes ela tinha dito*:)

ROSALI – Céus! É Dorval.

Cena 2

ROSALI, DORVAL

DORVAL (*Num tom um pouco emocionado.*) – Permita, senhorita, que, antes de minha partida (*Ao ouvir estas palavras, Rosali parece espantada.*), eu obedeça a um amigo e procure, junto da senhora, prestar a ele um favor que ele julga importante. Ninguém mais do que eu se interessa pela sua felicidade e pela dele; a senhorita sabe. Consinta, então, que eu lhe pergunte: em que Clairville pode ter desagradado à senhorita e como foi que ele veio a merecer a frieza com a qual diz estar sendo tratado?

ROSALI – É que eu já não o amo.

DORVAL – Já não o ama!

ROSALI – Não, Dorval.

DORVAL – E o que foi que ele fez para atrair sobre si tamanha desgraça?

ROSALI – Nada. Eu o amava. Deixei de amar. Acho que estava sendo leviana, sem perceber.

DORVAL – A senhorita esqueceu que Clairville é o noivo que seu coração escolheu?... Já pensou que ele terá de arrastar dias muito infelizes, caso perca a esperança de recuperar o seu carinho?... A senhorita crê que uma mulher direita possa brincar assim com a felicidade de um homem de bem?

ROSALI – Tudo o que me poderiam dizer sobre isso eu já sei. Eu me culpo o tempo todo. Estou arrasada. Preferia estar morta!

DORVAL – A senhorita não costuma ser injusta.

ROSALI – Já não sei mais o que sou. Não gosto mais de mim mesma.

DORVAL – Mas por que motivo a senhorita já não ama Clairville? Tudo tem uma razão.

ROSALI – É que eu amo outro homem.

DORVAL – Rosali! Ela! (*Com um espanto tingido de reprovação.*)

ROSALI – Sim, Dorval... Clairville estará bem vingado!

DORVAL – Rosali... se, por infelicidade, tivesse acontecido... que seu coração apanhado de surpresa... tivesse sido arrastado por uma afeição... que sua razão encarasse como um crime... Eu passei por esse estado cruel!... Como eu teria pena da senhorita!

ROSALI – Pois então tenha pena de mim.

DORVAL – (*Responde-lhe apenas com um gesto de comiseração.*)

ROSALI – Eu amava Clairville. Sequer cogitava que pudesse amar outra pessoa, quando esbarrei com o obstáculo à minha fidelidade e à nossa felicidade... Os traços, o espírito, o olhar, o som da voz, tudo nesse objeto doce e terrível parecia responder a não sei que imagem que a natureza havia gravado em meu coração. Eu o vi. Acreditei reconhecer nele a verdade de todas as quimeras de perfeição que eu havia imaginado e, de saída, ele conquistou minha confiança... Se eu tivesse podido compreender que estava traindo Clairville!... Mas, ai de mim, eu não tinha desconfiado de nada e já estava totalmente acostumada a amar o rival dele... Como não o amar?... O que ele dizia era o que eu pensava. Ele nunca deixava de criticar aquilo que ia me desagradar. Eu às vezes elogiava antes dele o que ele também ia apreciar. Se ele exprimia uma opinião, eu achava que era a minha que ele havia adivinhado... O que mais posso dizer? Eu mal me reconhecia nos outros (*Ela acrescenta baixando os olhos e a voz.*) mas eu me encontrava inteiramente nele.

DORVAL – E esse feliz mortal está ciente de sua felicidade?

ROSALI – Se é uma felicidade, ele deve estar ciente.

DORVAL – Se a senhorita ama, é, sem dúvida, correspondida?

ROSALI – Dorval, o senhor bem sabe.

DORVAL (*Com ardor.*) – Sei, e meu coração sente... O que foi que ouvi? O que foi que eu disse?... Quem me salvará de mim mesmo?...

(*Dorval e Rosali se olham em silêncio por um momento. Rosali chora amargamente. Anunciam a chegada de Clairville.*)

SILVESTRE (*Para Dorval.*) – Com licença, Clairville pede para falar com o senhor.

DORVAL (*Para Rosali.*) – Rosali... Mas vem gente... A senhorita compreende?... É Clairville. É meu amigo. Seu noivo.

ROSALI – Adeus, Dorval. (*Ela lhe estende a mão; Dorval a segura e depois inclina-se tristemente até beijá-la, Rosali acrescenta*:) Adeus, que palavra!

Cena 3

DORVAL, *só*

Como ela me pareceu bela em sua dor! Como eram tocantes os seus encantos! Eu daria a vida para colher uma só das lágrimas que corriam de seus olhos... "Dorval, o senhor bem sabe". Essas palavras ainda ressoam no fundo do meu coração... Tão cedo não se apagarão de minha memória!...

Cena 4

DORVAL, CLAIRVILLE

CLAIRVILLE – Perdoe minha impaciência. Então, Dorval!... (*Dorval está muito perturbado. Tenta em vão controlar-se.*

Clairville, que procura decifrar sua expressão, percebe o que se passa, equivoca-se e diz:) Você está perturbado! Não fala nada! Seus olhos se enchem de lágrimas! Já compreendi: estou perdido!

(*Concluindo essas palavras, Clairville se lança entre os braços de seu amigo. Aí permanece um momento em silêncio. Dorval derrama algumas lágrimas sobre ele e Clairville diz, sem se mover, com uma voz baixa, soluçante:*)

CLAIRVILLE – O que foi que ela disse? Qual é o meu crime? Amigo, por piedade, o tiro de misericórdia.

DORVAL – O tiro de misericórdia!

CLAIRVILLE – Ela crava um punhal em meu peito! e você, o único homem que talvez pudesse arrancá-lo, você se afasta! você me abandona a meu desespero! Traído por minha amada! abandonado por meu amigo! o que vai ser de mim? Dorval, você não me diz nada!

DORVAL – O que vou dizer a você?... Tenho medo de falar.

CLAIVILLE – Pois eu tenho muito mais medo ainda de ouvi-lo; contudo, fale, ao menos eu mudarei de suplício... Seu silêncio me parece, neste momento, o mais cruel de todos.

DORVAL (*Hesitante.*) – Rosali...

CLAIVILLE (*Hesitante.*) – Rosali...

DORVAL – Como você já me tinha dito... ela não me parece mais ter aquele entusiasmo que lhes prometia uma felicidade tão próxima.

CLAIRVILLE – Ela mudou!... Mas o que ela me reprova?

DORVAL – Ela não mudou, não é isso... Ela não lhe reprova nada, mas o pai dela...

CLAIRVILLE – O pai dela retirou seu consentimento?

DORVAL – Não. Mas ela espera a volta dele... Ela teme... Você sabe melhor do que eu que uma moça bem-nascida sempre teme.

CLAIRVILLE – Não há nada a temer. Todos os obstáculos foram removidos. Era a mãe dela quem se opunha aos nossos desejos; mas a mãe já faleceu e o pai vai chegar expressamente para me unir à sua filha, fixar residência aqui e acabar seus dias tranqüilamente em sua pátria, no seio da família, em meio aos amigos. A julgar por suas cartas, o respeitável ancião ficará tão aflito quanto eu. Imagine, Dorval, que nada o pôde deter; ele vendeu as propriedades; embarcou com todos os seus bens, aos oitenta anos, segundo me consta, para atravessar mares coalhados de navios inimigos.

DORVAL – Clairville, é preciso esperar por ele. É preciso tudo esperar da bondade do pai, da honestidade da filha, do amor que você tem por ela e da minha amizade. O Céu não consentirá que dois seres que ele parece ter formado para servirem de consolo e estímulo à virtude, sejam infelizes sem o terem merecido.

CLAIRVILLE – Você quer então que eu viva?

DORVAL – Se quero!... Se Clairville pudesse ler no fundo de minha alma!... Mas já satisfiz à sua exigência.

CLAIRVILLE – É a contragosto que o ouço. Pode ir, meu amigo. Já que me abandona na triste situação em que me encontro, sou obrigado a acreditar em todos os motivos que o levam de volta. Só me resta pedir-lhe um momento. Minha irmã, alarmada por alguns comentários desagradáveis que se difundiram por aqui sobre a fortuna de Rosali e sobre a volta de seu pai, teve que sair contra a vontade. Eu lhe prometi que você não iria embora antes que ela chegasse. Você não vai se recusar a esperar por ela.

DORVAL – E há algo que Constance não consiga de mim?

CLAIRVILLE – Constance, quem dera! Pensei algumas vezes... Mas vamos deixar essas idéias para tempos mais felizes... Sei onde ela está e vou apressá-la.

Cena 5

DORVAL, *só*

Sou muito infeliz!... Inspiro uma paixão secreta à irmã do meu amigo... Alimento uma paixão insensata por sua noiva; e ela por mim... O que é que ainda estou fazendo numa casa para a qual eu só trouxe transtornos? Onde está a honestidade? Na minha conduta?... (*Chama como um possesso.*) Charles, Charles... Ninguém... Estou abandonado... (*Desaba numa poltrona. Entrega-se ao devaneio. Fala de forma descontínua.*)... Se ainda fossem estas as primeiras criaturas que eu torno infelizes!... mas não, eu levo comigo por toda parte o infortúnio... Tristes mortais, miseráveis joguetes dos acontecimentos... orgulhem-se de sua felicidade, de sua virtude!... Venho para cá, com a alma pura... mas ela ainda é pura... Aqui encontro três seres abençoados pelo céu: uma mulher virtuosa e tranqüila, um noivo apaixonado e correspondido, uma jovem apaixonada, equilibrada e sensível... A mulher virtuosa perdeu sua tranqüilidade. Nutre em seu coração uma paixão que a atormenta. O noivo está desesperado. Sua noiva se torna volúvel e por isso ainda mais infeliz... Um celerado não teria causado um mal maior. Ó tu, que tudo conduzes, que me conduziste até aqui, tu te encarregarás de justificar-te?... Não sei mais o que digo... (*Grita novamente.*) Charles, Charles.

Cena 6

DORVAL, CHARLES, SILVESTRE

CHARLES – Senhor, os cavalos estão atrelados. Está tudo pronto. (*Dito isso, sai.*)

SILVESTRE (*Entra.*) – Madame acabou de chegar. Já vai descer.

SORVAL – Constance?

SILVESTRE – Sim, meu senhor. (*Dito isso, sai.*)

CHARLES (*Volta e diz a Dorval, que o escuta e olha com ar triste e os braços cruzados. Procurando nos bolsos.*) – Senhor... o senhor me confunde com as suas impaciências... Não, parece que o bom senso abandonou esta casa... Queira

Deus que voltemos a encontrá-lo na estrada… Eu tinha esquecido que estava com uma carta; e, agora que eu lembro, não consigo mais encontrar… (*Depois de muito procurar, acaba encontrando a carta que entrega a Dorval.*)

DORVAL – Pois então me dê.

(*Charles sai.*)

Cena 7

DORVAL, *só*

DORVAL (*Lê.*) – "A vergonha e o remorso me perseguem… Dorval, o senhor conhece as leis da inocência… Cometi um crime?… Salve-me!… Ai de mim! Será que ainda é tempo?… Como lastimo meu pai!… meu pai!… E Clairville? eu daria a vida por ele… Adeus, Dorval; eu daria pelo senhor mil vidas… Adeus!… O senhor parte e eu vou morrer de dor".

(*Depois de ter lido, com a voz entrecortada e numa extrema perturbação, ele se joga numa poltrona. Fica em silêncio um momento. Voltando em seguida os olhos perdidos e distraídos para a carta que segura com mão trêmula, ele relê algumas palavras e diz:*)

"A vergonha e o remorso me perseguem". É a minha vez de enrubescer, de me sentir dilacerado… "O senhor conhece as leis da inocência"… Eu as conheci… outrora. "Cometi um crime?"… Não, eu é que cometi… "O senhor parte e eu vou morrer". Ó Céus! Vou sucumbir!… (*Levantando-se.*) Vamos embora daqui imediatamente… Eu quero… e não consigo… minha razão se turva… Em que trevas mergulhei?… Ó Rosali! ó virtude! ó tormento!

(*Depois de um momento de silêncio, levanta-se com dificuldade. Aproxima-se lentamente de uma mesa. Escreve algumas linhas penosas: mas é interrompido por Charles que chega gritando.*)

Cena 8

DORVAL, CHARLES

CHARLES – Senhor, socorro! Estão assassinando... Clairville...

(*Dorval se afasta da mesa onde estava escrevendo, deixando a carta pela metade, agarra a espada, que está sobre uma poltrona, e voa em socorro de seu amigo. Nesse ínterim, Constance chega e fica atônita ao se ver deixada só pelo patrão e pelo criado.*)

Cena 9

CONSTANCE, *só*

O que significa esta fuga?... Ele estava esperando por mim. Eu chego, ele desaparece... Dorval, o senhor não me conhece bem... Eu posso me curar... (*Ela se aproxima da mesa e vê a carta inacabada.*) Uma carta! (*Pega a carta e lê.*) "Eu a amo, e fujo... pobre de mim! Tarde demais, demais... Sou amigo de Clairville... Os deveres da amizade, as leis sagradas da hospitalidade"?...

Céus! que felicidade a minha!... Ele me ama... Dorval, o senhor me ama... (*Caminha, agitada.*) ... Não, o senhor não partirá... Seus medos são tolos... Sua delicadeza é desnecessária. O senhor tem a minha afeição. O senhor não conhece nem Constance nem o seu amigo... Não, o senhor não os conhece... Mas talvez ele esteja se afastando, fugindo, enquanto eu fico aqui falando. (*Sai de cena com alguma precipitação.*)

Fim do segundo ato

ATO III

Cena 1

DORVAL, CLAIRVILLE

(*Eles entram, ainda de chapéu. Dorval recoloca na poltrona seu chapéu e sua espada.)*

CLAIRVILLE – Garanto-lhe que o que fiz, qualquer um, no meu lugar, faria.

DORVAL – Acredito. Mas eu conheço Clairville. Ele tem pavio curto.

CLAIRVILLE – Eu estava aflito demais para ficar apenas levemente ofendido. Mas o que você acha dos rumores que fizeram com que Constance fosse até a casa da amiga dela?

DORVAL – Não se trata disso.

CLAIRVILLE – Desculpe. Os nomes coincidem: estão falando de um navio interceptado, de um velho chamado Mérian…

DORVAL – Por favor, deixemos de lado por um momento esse navio, esse velho e voltemos ao seu caso. Por que esconder de mim uma coisa que estão todos comentando e que eu vou acabar sabendo?

CLAIRVILLE – Eu preferia que você soubesse por outra pessoa.

DORVAL – Só vou acreditar contado por você.

CLAIRVILLE – Já que você faz questão absoluta de que seja eu a falar: o assunto era você.

DORVAL – Eu?

CLAIRVILLE – Você. Aqueles homens dos quais você me salvou são dois covardes, dois canalhas. Um foi expulso por Constance por seu comportamento deplorável; o outro esteve, por algum tempo, interessado em Rosali. Eu os encontrei na casa daquela mulher, de onde Constance acabava de sair. Estavam falando da sua partida, meu amigo; porque aqui tudo se sabe. Eles estavam em dúvida entre dar-me os parabéns ou os pêsames. E estavam também surpresos.

DORVAL – Surpresos por quê?

CLAIRVILLE – Um deles disse que minha irmã está apaixonada por você.

DORVAL – O que muito me honra.

CLAIRVILLE – O outro, que você está apaixonado pela minha noiva.

DORVAL – Eu?

CLAIRVILLE – Você.

DORVAL – Por Rosali?

CLAIRVILLE – Por Rosali.

DORVAL – Clairville, você acreditaria…

CLAIRVILLE – Eu considero você incapaz de uma traição. (*Dorval se agita.*) Jamais um sentimento baixo ocupou a alma de Dorval, nem uma desconfiança ofensiva o espírito de Clairville.

DORVAL – Clairville, por favor.

CLAIRVILLE – Eu lhe faço justiça. E, lançando sobre eles olhares de indignação e de desprezo (*Clairville olha Dorval desse modo e Dorval, não conseguindo encará-lo, desvia o rosto, cobrindo-o com as mãos.*), eu os fiz compreender que a pessoa traz em si os germes das baixezas de que acusa tão levianamente os outros (*Dorval está atormentado.*); e que eu exigia que, onde eu estivesse, fossem tratados com respeito minha noiva, minha irmã e meu amigo… Acho que você concorda comigo.

DORVAL – Não posso censurá-lo… Não… Mas…

CLAIRVILLE – Mas a conversa não parou por aí. Eles saem. Eu saio. Eles me atacam…

DORVAL – E você ia morrer, caso eu não tivesse chegado?…

CLAIRVILLE – Eu lhe devo a vida, não tenha dúvida.

DORVAL – Quer dizer que um minuto mais e eu me tornaria seu assassino.

CLAIRVILLE – Claro que não. Você perderia o amigo, mas não se tornaria assassino. Você teria como evitar um boato indigno como esse?

DORVAL – Talvez.

CLAIRVILLE – Impedir as ofensas?

DORVAL – Talvez.

CLAIRVILLE – Como você é injusto consigo mesmo!

DORVAL – Como a inocência e a virtude são grandes, e, diante delas, como o vício é pequeno e obscuro!

Cena 2

DORVAL, CLAIRVILLE, CONSTANCE

CONSTANCE – Dorval, meu irmão… Que susto vocês nos deram! Ainda estou tremendo e Rosali está mais morta do que viva.

DORVAL E CLAIRVILLE – Rosali! (*Dorval se retrai subitamente.*)

CLAIRVILLE – Vou já para junto dela. Correndo.

CONSTANCE (*Retendo-o pelo braço.*) – Justine está com ela. Eu estava lá até agora. Não se preocupe.

CLAIRVILLE – Eu me preocupo com Rosali… com Dorval… Ele está com um humor soturno, difícil de entender… Logo quando salva a vida do amigo!… Meu amigo, se você está sofrendo, por que não se abrir com aquele que partilha todos os seus sentimentos e que, se fosse feliz, só viveria para Dorval e para Rosali?

CONSTANCE (*Dá ao irmão uma carta que tira do seio, dizendo-lhe*:) – Veja, meu irmão, este é o segredo dele, o meu e, aparentemente, a causa de sua melancolia.

(*Clairville pega a carta e lê. Dorval, que reconhece a carta que estava escrevendo para Rosali, grita.*)

DORVAL – Justiça do Céu! É a minha carta!

CONSTANCE – É, sim, Dorval, o senhor não vai mais partir. Eu sei de tudo. Está tudo resolvido… Que delicadeza o tornava inimigo de nossa felicidade?… O senhor me amava?… Estava me escrevendo!… E fugindo!…

(*A cada palavra, Dorval se agita e se atormenta.*)

DORVAL – Era preciso; ainda é preciso. Uma sorte cruel me persegue. Senhora, essa carta… (*Baixo.*) Céus! o que eu ia dizer!

CLAIRVILLE – O que foi que eu li? Meu amigo, meu salvador vai se tornar meu irmão! Minha felicidade e minha gratidão redobram!

CONSTANCE – Pela intensidade da alegria de Clairville, reconheça enfim a sinceridade de seus sentimentos e a injustiça das preocupações do senhor. Mas que motivo secreto pode fazer com que o senhor ainda refreie seus sentimentos? Dorval, se tenho seu afeto, por que não mereço também a sua confiança?

DORVAL (*Em tom triste e com ar abatido.*) – Clairville!

CLAIRVILLE – Meu amigo, você está triste.

DORVAL – É verdade.

CONSTANCE – Fale, não se reprima por mais tempo… Dorval, tenha confiança em seu amigo. (*Como Dorval permanece calado, Constance acrescenta*:) Acho que minha presença o constrange. Vou deixar o senhor a sós com ele.

Cena 3

DORVAL, CLAIRVILLE

CLAIRVILLE – Dorval, estamos a sós... Você por acaso duvidava que eu aprovasse a união entre Constance e você?... Por que me esconder sua inclinação? Eu desculpo Constance, ela é mulher... mas você!... Você não me responde. (*Dorval escuta, com a cabeça baixa e os braços cruzados.*) Será que você teve medo de que minha irmã, sabedora das circunstâncias de seu nascimento...

DORVAL (*Sem mudar de postura, apenas vira a cabeça na direção de Clairville.*) – Clairville, assim você me ofende. Minha alma é altiva demais para conceber semelhantes temores. Se Constance fosse capaz de um preconceito semelhante, ouso dizer, ela não seria digna de mim.

CLAIRVILLE – Perdão, caro Dorval; a tristeza renitente em que eu o vejo mergulhado, quando tudo parece favorecer os seus desejos...

DORVAL (*Baixo e com amargura.*) – Sim, tudo me favorece de um modo singular.

CLAIRVILLE – Essa tristeza me perturba, confunde-me e leva meu espírito a vagar por todo tipo de idéias. Um pouco mais de confiança de sua parte pouparia a mim muitas falsas... Meu amigo, você nunca se abriu comigo... Dorval não conhece essas doces confidências... sua alma trancada... Mas enfim, será que eu o compreendi? Você temeria talvez que eu, privado, por um segundo casamento de Constance, da metade de uma fortuna, na verdade bastante modesta, mas que se acreditava garantida, eu não fosse mais rico o suficiente para poder casar com Rosali?

DORVAL (*Tristemente.*) – Aí está a própria Rosali!... Clairville, tente aproveitar a impressão que causou sobre ela o perigo que você correu.

Cena 4

DORVAL, CLAIRVILLE, ROSALI, JUSTINE

CLAIRVILLE (*Apressando-se para ir ao encontro de Rosali.*) – É verdade que Rosali teve medo de me perder? que temeu por minha vida? Como o instante em que eu ia perecer me seria caro, se ele tivesse reacendido em seu coração uma centelha de interesse!

ROSALI – É verdade que a sua imprudência me fez estremecer.

CLAIRVILLE – Como sou afortunado! *(Quer beijar a mão de Rosali, que a retira.*)

ROSALI – Pare, senhor. Reconheço tudo o que devemos a Dorval. Mas não ignoro que esses acontecimentos podem acabar bem ou mal para um homem, mas suas conseqüências são sempre desagradáveis para as mulheres.

DORVAL – Senhorita, o acaso nos convoca e a honra tem suas leis.

CLAIRVILLE – Rosali, estou desesperado por ter desagradado a você. Mas não torture o noivo mais submisso e carinhoso que existe. Ou, se você estiver decidida a fazê-lo, ao menos não aflija por mais tempo um amigo que seria feliz sem a sua injustiça. Dorval ama Constance. E é correspondido. Ele ia partir. Uma carta descoberta por acaso revelou tudo... Rosali, diga uma palavra e todos nós nos uniremos por um laço eterno. Dorval e Constance; Clairville e Rosali; uma palavra! E o Céu voltará a olhar para esta casa com benevolência.

ROSALI (*Desabando numa poltrona.*) – Estou morrendo!

DORVAL E CLAIRVILLE – Céus! Ela está morrendo!

CLAIRVILLE (*Cai aos pés de Rosali.*)

DORVAL (*Chama os criados.)* – Charles, Silvestre, Justine.

JUSTINE (*Socorrendo sua ama.*) Está vendo, senhorita... Por que insistiu em vir?... Eu avisei...

ROSALI (*Voltando a si e levantando-se, diz*:) – Vamos, Justine.

CLAIRVILLE (*Quer dar-lhe o braço e ampará-la.)* – Rosali...

ROSALI – Deixe-me... Eu o odeio... Deixe-me, estou dizendo.

Cena 5

DORVAL, CLAIRVILLE

(Clairville deixa Rosali. Está como louco. Vai e vem, pára. Suspira de dor, de fúria. Apóia os cotovelos no encosto de uma poltrona, a cabeça entre as mãos, e os pulsos nos olhos. O silêncio dura um momento. Finalmente, ele diz:)

CLAIRVILLE – Não é demais?... É essa a paga das minhas aflições! É esse o fruto de todo o meu carinho! "Deixe-me. Eu o odeio". Ah! (*Prorrompe em inflexões inarticuladas de desespero; anda, muito agitado, repetindo, de diferentes maneiras, mas sempre num tom violento, "deixe-me... eu o odeio". Joga-se numa poltrona. Fica um momento em silêncio. Depois diz num tom surdo e baixo.*) Ela me odeia!... e o que foi que eu fiz para merecer isso? Eu a amei demais. (*Cala-se por mais um momento. Levanta-se, anda de um lado para o outro. Parece ter-se tranqüilizado um pouco. Diz:*) Sim, eu sou odioso aos olhos dela. Eu percebo. Eu sinto. Dorval, você é meu amigo. Devo me afastar dela... e morrer? Fale. Decida o meu destino.

(*Charles entra. Clairville anda de um lado para o outro.*)

Cena 6

DORVAL, CLAIRVILLE, CHARLES

CHARLES (*Tremendo, para Clairville, que ele vê muito agitado.*) – Senhor...

CLAIRVILLE (*Olhando-o de soslaio.*) – Que é?

CHARLES – Está lá embaixo um desconhecido que pede para falar com alguém.

CLAIRVILLE – Ele que espere.

CHARLES (*Sempre tremendo e muito baixo.*) – É um pobre coitado e já faz muito tempo que está esperando.

CLAIRVILLE (*Com impaciência.*) – Mande entrar.

Cena 7

DORVAL, CLAIRVILLE, JUSTINE, CHARLES, SILVESTRE, ANDRÉ *e os demais criados da casa, atraídos pela curiosidade e diversamente espalhados pela cena. Justine chega depois dos demais.*

CLAIRVILLE (*Um pouco brusco:*) – Quem é o senhor? O que deseja?

ANDRÉ – Senhor, eu me chamo André. Estou a serviço de um honrado ancião. Fui o companheiro de seus infortúnios; e vinha anunciar à filha dele sua chegada.

CLAIRVILLE – A Rosali?

ANDRÉ – Sim, senhor.

CLAIRVILLE – Mais infortúnios! Onde está o seu amo? O que você fez com ele?

ANDRÉ – Acalme-se, senhor. Ele está vivo. Está chegando. Eu o porei a par de tudo, se tiver forças para tanto, e se o senhor tiver a bondade de me ouvir.

CLAIRVILLE – Fale.

ANDRÉ – Partimos, meu amo e eu, no navio *L'Apparent*, do ancoradouro de Fort-Royal[1], no dia seis do mês de julho. Nunca meu patrão me pareceu tão bem de saúde nem tão alegre. Ora ele voltava o rosto na direção para onde os ventos pareciam nos levar, levantava as mãos para o Céu, pedindo-lhe um breve retorno. Ora, fitando-me com olhos cheios de esperança, dizia: "André, mais quinze dias e vou ver meus filhos, beijá-los e serei feliz, por uma vez ao menos, antes de morrer".

1. Antiga denominação da capital da Martinica, atualmente chamada Fort-de-France.

CLAIRVILLE (*Comovido, para Dorval.*) – Você ouviu. Ele já me chamava pela terna designação de filho. E então, André?

ANDRÉ – Senhor, o que posso dizer? Fizemos uma viagem excelente. Já estávamos quase alcançando a costa da França. Tendo escapado aos perigos do mar, nós saudávamos a terra com mil gritos de alegria e nos abraçávamos todos, comandantes, oficiais, passageiros, marujos, quando se aproximaram de nós alguns barcos aos gritos de "paz, paz" e, abordados graças a esses pérfidos gritos, fomos feitos prisioneiros[2].

DORVAL E CLAIRVILLE (*Denotando cada um sua surpresa e sua dor por meio da ação que convém à sua personalidade.*) – Prisioneiros!

ANDRÉ – Pobre do meu amo! Lágrimas escorriam por seu rosto em meio a profundos suspiros. Ele revirava os olhos, estendia os braços, sua alma parecia lançar-se em direção às margens das quais nos afastávamos. Mas assim que as perdemos de vista, seus olhos secaram. Ele ficou com o coração apertado. Sua vista se fixou sobre as águas, e ele mergulhou numa dor sombria e paralisante que me fez temer por sua vida. Várias vezes eu lhe ofereci pão e água, que ele recusou. (*Aqui André se detém por um momento para chorar.*) Então chegamos ao porto inimigo... Dispense-me de contar o restante... Não, eu não conseguiria.

CLAIRVILLE – André, continue.

2. Referência à Guerra dos Sete Anos que, entre 1756 e 1763, opôs a França e a Áustria à Inglaterra e à Prússia. Apesar de a Inglaterra não ser diretamente citada, podemos inferir das referências feitas ao episódio nesta cena e na segunda *Conversa*, que André e seu amo foram capturados e levados para lá como prisioneiros.

As causas principais da Guerra dos Sete Anos foram a rivalidade econômica franco-inglesa e o desejo da Áustria de retomar da Prússia a Silésia. Pelo tratado de Paris (10/02/1763), Luís XV cedeu o Canadá, o estado de Louisiana, algumas ilhas das Antilhas e uma grande parte das possessões francesas na Índia, territórios que permitiram à Inglaterra forjar seu império. E, pelo tratado de Hubertsbourg (15/02/1763), Maria Teresa da Áustria cedeu definitivamente a Silésia à Prússia.

ANDRÉ – Levaram tudo o que eu tinha. Meu amo foi acorrentado. Então não pude mais conter meus gritos. Eu o chamei várias vezes: "Patrão, meu querido patrão". Ele me ouviu, olhou para mim, deixou cair os braços, tristemente, voltou-se e seguiu os que o cercavam, sem nada dizer... Na mesma hora me jogaram, seminu, no mais fundo de um prédio, amontoado com uma multidão de infelizes abandonados, impiedosamente, na lama, passando fome e sede, doentes. E, para descrever em uma palavra todo o horror daquele lugar, direi apenas que, num único instante, ouvi todos os tons que a dor pode assumir, todas as vozes do desespero, e, para qualquer lado que olhasse, eu via alguém morrendo.

CLAIRVILLE – E esses são os povos cuja sabedoria é tão elogiada e que nos são mostrados como modelo! É assim que eles tratam as pessoas!

DORVAL – Como mudou o espírito dessa nação generosa!

ANDRÉ – Havia três dias que eu estava misturado àquele amontoado de mortos e moribundos, todos franceses, todos vítimas de traição, quando me tiraram de lá. Cobriram-me de trapos e levaram-me, com alguns dos meus infelizes companheiros, para a cidade, por ruas cheias de um populacho descontrolado que nos cobria de imprecações e ofensas, enquanto que pessoas totalmente diferentes dessas, atraídas pelo tumulto, chegavam às janelas e faziam chover sobre nós dinheiro e auxílios.

DORVAL – Que mistura incrível de humanidade, generosidade e barbárie!

ANDRÉ – Eu não sabia se nos conduziam à liberdade ou se nos arrastavam ao suplício.

CLAIRVILLE – E seu amo, André?

ANDRÉ – Eu estava indo ao seu encontro: foi o primeiro dos muitos favores de um antigo correspondente[3] a quem ele tinha informado a respeito da nossa desventura. Cheguei a uma das pri-

3. Correspondente: negociante que tem relações pecuniárias ou comerciais com outro, estabelecido em outra praça.

sões da cidade. Abriram as portas de um calabouço escuro para o qual eu desci. Fazia já algum tempo que eu estava imóvel em meio àquelas trevas quando fui surpreendido por uma voz agonizante que mal se ouvia e que dizia, desfalecente: "André, é você? Há quanto tempo eu o espero". Corri até o lugar de onde vinha aquela voz e encontrei dois braços nus que procuravam na penumbra. Eu os segurei e beijei. Eu os banhei com minhas lágrimas. Eram os braços de meu senhor. (*Uma pequena pausa.*) Ele estava nu. Deitado na terra úmida... "Os desgraçados que estão aqui", disse ele em voz baixa, "abusaram da minha idade e da minha fraqueza para me arrancarem o pão e roubarem a minha palha".

(*Neste ponto todos os criados lançam um grito de dor. Clairville não consegue mais conter seu sofrimento. Dorval faz sinal a André pedindo-lhe que pare por um momento. André pára, depois continua, soluçando.*)

Na mesma hora eu me despojei dos trapos que me cobriam e estendi-os sob o corpo do meu patrão que, com uma voz desmaiada, abençoava a misericórdia celeste...

DORVAL (*Baixo, à parte e com amargura.*) – Que o fazia morrer no fundo de um calabouço, sobre os andrajos de seu criado!

ANDRÉ – Lembrei-me então das esmolas que eu tinha recebido. Chamei ajuda e reanimei meu velho e honrado patrão. Quando recuperou um pouco as forças, ele me disse: "André, coragem. Você vai conseguir sair daqui. Quanto a mim, estou me sentindo tão fraco que nada me resta senão morrer". Então senti seus braços envolverem meu pescoço, seu rosto se aproximar do meu e suas lágrimas correrem por minhas faces. "Meu amigo", disse ele (e muitas vezes ele me chamou assim), "você vai receber meus últimos suspiros. Você transmitirá a meus filhos minhas últimas palavras. Que tristeza! Era de mim que eles deviam ouvi-las!"

CLAIRVILLE (*Olhando Dorval e chorando.*) – Seus filhos!

ANDRÉ – Ele tinha dito, durante a travessia, que era francês, mas que seu sobrenome não era Mérian, que, ao deixar a pátria, ele havia abandonado seu nome de família por razões que um dia eu saberia. Coitado, ele não imaginava que esse dia estava tão próximo! Ele suspirava e ia me contar o restante da história quando ouvimos a masmorra se abrir. Chamaram por nós; era o antigo correspondente que tinha possibilitado o nosso reencontro e que vinha libertar-nos. Qual não foi a sua dor ao pousar os olhos num velho que mais parecia um cadáver ainda pulsante! Lágrimas caíam de seus olhos. Ele tirou a roupa do corpo, cobrindo com ela meu pobre patrão. E nós fomos nos instalar em casa daquele homem, onde recebemos todas as demonstrações possíveis de humanidade. Era como se aquela honrada família corasse, em segredo, pela crueldade e pela injustiça da nação.

DORVAL – Nada humilha mais que a injustiça!

ANDRÉ (*Enxugando os olhos e recobrando a tranqüilidade.*) – Logo meu amo recuperou a saúde e as forças. Ofereceram-lhe ajuda, e presumo que ele aceitou, porque, ao sair da prisão, não tínhamos com que comprar nem um pedaço de pão. Tudo foi organizado para nossa partida e estávamos prontos para a viagem, quando meu senhor, puxando-me a um lado (nunca, nunca esquecerei!) disse: "André, você não tem mais nada para fazer aqui?" – Não, senhor, respondi. – "E nossos compatriotas, que deixamos naquela situação miserável de que a graça do Céu nos salvou, você não se lembra mais deles? Vá, meu filho, vá dizer adeus a eles". Corri até lá. Que desgraça! de todos aqueles miseráveis só restavam uns poucos, tão extenuados, tão próximos do fim, que a maioria não tinha nem forças para estender a mão e receber o que lhe davam. É esta, senhor, em detalhes, a descrição de nossa infeliz viagem.

(*Ficam todos um bom tempo em silêncio, ao fim do qual André diz o que se segue. Nesse ínterim, Dorval se dirige, pensativo, para o fundo do salão.*)

Deixei meu amo em Paris, repousando um pouco. Ele estava muito contente porque ia encontrar lá um amigo.

(*Nesse ponto, Dorval se vira para André e passa a prestar atenção ao que está sendo dito*).

Mas o amigo está ausente há vários meses; e meu amo ficou de vir para cá logo depois de mim.

(*Dorval continua a andar, absorto*.)

CLAIRVILLE – Você já viu Rosali?

ANDRÉ – Não, senhor. Eu só lhe trago sofrimento e não ousei ainda me apresentar diante dela.

CLAIRVILLE – Está certo, André, vá descansar. Silvestre, cuide bem dele... Não quero que nada lhe falte.

(*Os criados levam André para dentro*.)

Cena 8

DORVAL, CLAIRVILLE

(*Depois de um silêncio, durante o qual Dorval permaneceu imóvel, com a cabeça baixa, o ar pensativo e os braços cruzados – postura, aliás, bastante característica dele – e Clairville andou, agitado, de um lado para o outro, Clairville diz*.)

CLAIRVILLE – E então, meu amigo, o dia de hoje é ou não é fatal para a honradez? Você acredita que, no momento em que lhe falo, haja um único ser humano honesto e feliz sobre a terra?

DORVAL – Você quer dizer um único ser humano perverso. Mas, Clairville, deixemos de lado a moral. Raciocina-se mal quando se acredita ter motivos para queixar-se do Céu. O que está pensando em fazer?

CLAIRVILLE – Você está vendo toda a extensão da minha infelicidade. Perdi o coração de Rosali. Pobre de mim! É o único bem cuja perda eu lamento! Não ouso sequer imaginar que a modéstia da minha fortuna seja a razão secreta da inconstância dela. Mas, se for, a que distância não está Rosali de mim, agora que está reduzida, ela também, a uma fortuna bastante limitada? Você acha que ela vai se expor, por um homem que ela já não ama, a todas as conseqüências de um estado quase indigente? E eu, será que eu vou pedir isso a ela? Posso fazer isso? Tenho esse direito? O pai vai acarretar para ela uma responsabilidade muito dispendiosa. É pouco provável que ele queira conceder-me a filha. É quase certo que, aceitando-a, eu selarei a sua ruína. Pondere e decida.

DORVAL – Este André turvou o meu espírito. Se você soubesse as idéias que me passaram pela cabeça enquanto ele falava... Esse velho... As palavras dele... Seu modo de ser... A mudança de nome... Mas deixe-me esclarecer uma dúvida que me obceca e pensar no seu caso.

CLAIRVILLE – Pense, Dorval, que a sorte de Clairville está em suas mãos.

Cena 9

DORVAL, *só*

Que dia de amargura e perturbação! Que variedade de tormentos! Parece-me que trevas espessas se formam em torno de mim e cobrem meu coração oprimido por mil sentimentos dolorosos!... Ó Céu! não me concederás nem um momento de sossego?... Eu, que tenho horror à mentira, à dissimulação, acabo por impô-la, num átimo, a meu amigo, a sua irmã, a Rosali... O que ela vai pensar de mim?... O que é que eu vou decidir a respeito do noivo dela?... Que partido tomar a respeito de Constance?... Dorval, você vai deixar de ser ou vai continuar a ser um homem de bem?... Um acontecimento imprevisto arruinou Rosali; ela está na miséria. Eu sou rico. Eu a amo. Ela me ama. Clairville não tem mais como obter a mão dela... Ilusões vergonhosas, abandonai meu espírito, afastai-vos de meu coração! Posso ser o mais infeliz dos homens, mas, nem por isso, vou tornar-me vil... Virtude, idéia doce e cruel! Caros e bárbaros deveres! Amizade que me acorrenta e me dilacera, a ti obedecerei. Ó virtude, o que és tu se não exiges sacrifício algum? Amizade, não passas de uma palavra oca, se não impões lei alguma... Clairville desposará Rosali!

(*Cai quase desfalecido em uma poltrona; levanta-se em seguida e diz*:) ... Não, eu não roubarei a noiva de meu amigo. Não me degradarei a esse ponto. Meu coração não permite. Infeliz daquele que não escuta a voz de seu coração!... Mas Clairville não tem fortuna. E agora Rosali também não... É preciso afastar esses obstáculos. Eu tenho condições. Eu quero fazê-lo. Não há sofrimento que um ato generoso não possa minorar. Ah! Volto a respirar!...

Se não me caso com Rosali, para que preciso de fortuna? Que uso mais digno eu poderia dar a ela do que empregá-la em benefício de dois seres que me são tão caros? Pobre de mim! Pensando bem, esse sacrifício tão pouco usual não é nada... Clairville deverá a mim sua felicidade! Rosali deverá a mim sua felicidade! O pai de Rosali deverá a mim sua felicidade!... E Constance?... Ela ouvirá de mim a verdade. Então ela vai me conhecer e temerá pela sorte da mulher que ousasse ligar seu destino ao meu... Devolvendo a calma a tudo o que me cerca, encontrarei, sem dúvida, a serenidade perdida?... (*Suspira.*) ... Dorval, por que, então, você está sofrendo? Por que me sinto dilacerado? Ó virtude, ainda não fiz o suficiente por ti!

Mas Rosali não vai querer aceitar de mim sua fortuna. Ela conhece demais o preço desse favor para concedê-lo a um homem que ela deve odiar, desprezar... Logo, será preciso enganá-la!... E se eu me decidir a isso, como conseguir que tudo dê certo?... Antecipar-me à chegada de seu pai?... Espalhar pelos jornais que o navio que transportava sua fortuna estava no seguro?... Mandar-lhe por intermédio de um desconhecido o valor equivalente ao que ela perdeu?... Por que não?... O meio é natural. Ele me agrada. Basta agir rápido. (*Chama.*) Charles! (*Senta-se a uma mesa e escreve.*)

Cena 10

DORVAL, CHARLES

DORVAL (*Dá-lhe um bilhete e diz:*) – Para Paris; para o meu banqueiro.

Fim do terceiro ato

ATO IV

Cena 1

ROSALI, JUSTINE

JUSTINE – Então! A senhorita queria ver André. A senhorita o viu. O senhor seu pai está chegando, mas a senhorita perdeu sua fortuna.

ROSALI (*Com um lenço na mão.*) – O que é que eu posso contra o destino? Meu pai sobreviveu. Se a perda da fortuna não abalou sua saúde, o resto não tem importância.

JUSTINE – Como não tem importância?

ROSALI – Não, Justine. Conhecerei a indigência. Há males maiores.

JUSTINE – Não se iluda, senhorita. Não há nenhum que canse mais depressa a pessoa.

ROSALI – Mesmo rica, meu destino seria menos lamentável?... Só uma alma inocente e tranqüila sabe o que é a felicidade. Eu já tive uma alma assim, Justine!

JUSTINE – E Clairville reinava ali.

ROSALI (*Sentada e chorando.*) – Eu o amava tanto! Clairville a quem eu estimo e que levei ao desespero! Ó Clairville, um homem indigno roubou de você todo o meu afeto, mas você está bem vingado! Choro e riem das minhas lágrimas.

Justine, o que você acha deste Dorval?... Imagine, o amigo dedicado, o homem sincero, um mortal tão virtuoso! Ele não passa, como todos os outros, de um homem perverso que brinca com o que há de mais sagrado: o amor, a amizade, a virtude, a verdade!... Como eu lastimo Constance! Ele me enganou. E pode muito bem enganar a ela também. (*Levantando-se.*) Ouço alguém... Justine, e se fosse ele?...

JUSTINE – Não é ninguém, senhorita.

ROSALI (*Senta novamente e diz:*) – Como são maus esses homens! E como nós somos bobas!... Veja, Justine, como no coração deles a verdade convive com o perjúrio; como a dignidade é vizinha da baixeza!... Esse Dorval que arrisca a vida por seu amigo é o mesmo homem que o engana, engana a irmã dele e se apaixona por mim. Mas por que lhe reprovar o seu afeto? Esse crime é meu. O dele é a falsidade, como nunca se viu igual.

Cena 2

ROSALI, CONSTANCE

ROSALI (*Indo ao encontro de Constance.*) – Ah, senhora, em que estado me encontra!

CONSTANCE – Vim partilhar a sua dor.

ROSALI – Que a felicidade seja sempre sua companheira fiel!

CONSTANCE (*Senta-se, faz Rosali sentar-se a seu lado e toma-lhe as duas mãos.*) – Rosali, tudo o que peço é que me permita compartilhar a sua dor. Por muito tempo sofri com a incerteza das coisas da vida, e você sabe como lhe quero bem.

ROSALI – Tudo mudou. Tudo foi destruído num instante.

CONSTANCE – Você tem a mim... e a Clairville.

ROSALI – Já está mais do que na hora de eu deixar uma casa onde minha dor é importuna.

CONSTANCE – Pobre menina, tenha cuidado. A infelicidade a torna injusta e cruel. Mas a culpada não é você. Fui eu que, nos tempos de felicidade, esqueci de prepará-la para os reveses da vida. Feliz, eu perdi de vista os infelizes. E estou sendo bem castigada pela sua censura... Mas e seu pai?...

ROSALI – Eu já custei a ele muitas e muitas lágrimas!... A senhora será mãe um dia... Como eu a lastimo!...

CONSTANCE – Rosali, lembre-se da vontade de sua tia. As últimas palavras dela colocaram entre minhas mãos a sua felicidade... Mas não falemos dos meus direitos; o que eu espero de você é uma prova de afeto: você avalia o quanto uma recusa poderia ofender-me?... Rosali, não separe sua sorte da minha. Você conhece Dorval. Ele a estima. Eu pedirei a ele Rosali. Ele vai consentir; e essa prova de seu amor será para mim a primeira e a mais delicada de todas.

ROSALI (*Retira bruscamente suas mãos de entre as mãos de Constance, levanta-se com uma espécie de indignação e diz:*) – Dorval!

CONSTANCE – Ele a estima muito.

ROSALI – Um estranho!... um desconhecido!... um homem que passou um breve momento entre nós!... cujos pais ninguém sabe quem são!... cuja virtude pode ser puro fingimento... Senhora, perdoe-me... Eu ia esquecendo... A senhora, sem dúvida, o conhece bem?...

CONSTANCE – É preciso perdoá-la. Você está no coração da noite. Mas, por favor, permita que eu faça brilhar um raio de esperança.

ROSALI – Eu tive esperanças. Fui enganada. Nada mais espero.

CONSTANCE (*Sorri tristemente.*)

ROSALI – Ai! Se Constance ainda estivesse só, recolhida como outrora, quem sabe... Mas, ainda assim, isso não passa de uma idéia ingênua que enganaria a ambas. Uma amiga sofre um revés. Tememos trair a nós mesmas. Um primeiro impulso de generosidade nos arrebata. Mas o tempo! O tempo!... Senhora, os infelizes são orgulhosos, importunos, soturnos. Pouco a pouco acostumamo-nos com o espetáculo de sua dor. E logo nos cansamos. Evitemos erros recíprocos. Eu perdi tudo; salvemos do naufrágio ao menos nossa amizade... Parece que já devo algo ao infortúnio... Sempre amparada por seus conselhos, Rosali ainda não fez nada de que se possa orgulhar a seus próprios olhos. Já é hora de ela saber até onde será capaz de ir, instruída por Constance e pelas desventuras. A senhora cobiçaria o único bem que resta a Rosali, a possibilidade de conhecer a si mesma?

CONSTANCE – Rosali, você está exaltada; desconfie desse estado. O primeiro efeito do infortúnio é endurecer a alma: o último é quebrá-la... Você, que tanto teme o tempo no que diz respeito a você e a mim, não o teme quando se trata apenas de você?... Pense, Rosali, que o infortúnio a torna sagrada. Se acaso me acontecer de faltar ao respeito com a dor, repreenda-me; faça-me corar pela primeira vez na vida... Minha querida, eu vivi, eu sofri. Acho que conquistei o direito de presumir algo a propósito de mim mesma; contudo só lhe peço que conte tanto com a minha amizade quanto com a sua coragem... Se você se fiar apenas em você mesma, e nada esperar de Constance, não estará sendo injusta?... Você teme a bondade e a gratidão? Devolva seu amor a meu irmão e então eu é que deverei a você tudo.

ROSALI – Senhora, aí vem Dorval... Permita-me retirar-me... Eu acrescentaria muito pouco ao triunfo dele.

(*Dorval entra.*)

CONSTANCE – Rosali... Dorval, não a deixe ir... Fugiu de nós.

Cena 3

CONSTANCE, DORVAL

DORVAL – Senhora, vamos conceder-lhe o triste prazer de afligir-se sem testemunhas.

CONSTANCE – A sorte dela está nas suas mãos. Dorval, o dia da minha felicidade pode significar o fim dos tormentos de Rosali.

DORVAL – Senhora, permita que lhe fale livremente; permita que, confiando-lhe seus mais secretos pensamentos, Dorval se esforce para ser digno do que a senhora estava fazendo por ele, e que, ao menos, dele se compadeçam e sintam saudades.

CONSTANCE – O que é isso, Dorval! Mas fale.

DORVAL – Vou falar. Devo isso à senhora. A seu irmão, e a mim mesmo… A senhora quer a felicidade de Dorval; mas será que a senhora conhece bem Dorval?… Pequenos favores, cujo mérito foi exagerado por um jovem de boa família; seu entusiasmo diante da aparência de algumas virtudes, sua sensibilidade diante de alguns dos meus sofrimentos, tudo preparou e fundamentou para a senhora idéias preconcebidas que a verdade me obriga a destruir. O espírito de Clairville é jovem. Constance deve fazer de mim outra idéia (*Uma pausa.*)

Recebi do céu um coração reto; foi a única vantagem que ele quis me conceder… Mas esse coração está ressequido, e eu sou, como a senhora vê… triste e melancólico. Sou… virtuoso, mas minha virtude é austera; tenho caráter, mas ele é arredio… minha alma é afetuosa, mas amargurada por longas desventuras. Ainda sou capaz de derramar lágrimas, mas elas são raras e cruéis… Não, um homem com esse temperamento não é o esposo que convém a Constance.

CONSTANCE – Dorval, fique tranqüilo. Quando meu coração cedeu à impressão que suas virtudes me causavam, eu o vi tal como o senhor se retratou agora. Reconheci o infortúnio e seus efeitos terríveis. Eu o lastimei e o meu afeto talvez tenha começado por esse sentimento.

DORVAL – O infortúnio cessou para a senhora; mas agravou-se para mim... Sou muito infeliz... e há muito tempo! Abandonado praticamente ao nascer entre o deserto e a sociedade, quando abri os olhos para reconhecer os laços que me podiam ligar aos homens, encontrei apenas destroços. Havia trinta anos, senhora, que eu vagava, isolado, desconhecido, negligenciado, sem jamais ter experimentado o carinho de alguém, sem jamais ter encontrado alguém que desejasse o meu carinho; foi quando seu irmão veio até mim. Minha alma esperava pela dele. Foi em seu peito que derramei uma torrente de sentimentos que buscavam há muito tempo desafogar-se e eu não imaginava que pudesse haver em minha vida um momento mais doce do que aquele em que me livrei do longo tédio de existir solitariamente... Como paguei caro esse instante de felicidade!... Se a senhora soubesse...

CONSTANCE – O senhor sofreu muito; mas tudo um dia tem seu fim, e ouso acreditar que se aproxima, para o senhor, o momento de uma revolução duradoura e afortunada.

DORVAL – Nós nos enfrentamos muitas vezes, o destino e eu. Não se trata mais de felicidade... Eu odeio o convívio dos seres humanos e sinto que é longe daqueles que me são mais caros que o sossego me espera... Senhora, possa o Céu lhe conceder a graça que me recusa, e tornar Constance a mais feliz das mulheres!... (*Um pouco enternecido.*) A notícia chegará talvez até mim em meu refúgio e eu vou me alegrar com ela.

CONSTANCE – Dorval, o senhor está enganado. Para viver tranqüilo, é preciso ter a aprovação de seu próprio coração e talvez a dos homens. O senhor não obterá nem uma nem outra caso abandone o lugar que lhe está reservado. O senhor recebeu os talentos mais raros; e deve prestar conta disso à sociedade. Que a multidão de seres inúteis que nela se movem sem motivo, e que a atravancam sem servi-la, afastem-se, se quiserem. Mas, ouso dizer, para o senhor isso seria um crime. Cabe a uma mulher que o ama trazer o senhor para o convívio social. Cabe a Constance conservar à virtude oprimida um apoio; ao vício arrogante, um flagelo; às pessoas de bem, um irmão; a tantas pessoas infelizes, o pai que elas esperam; ao gênero humano, seu amigo; a mil projetos honestos, úteis e grandes, este espírito livre de preconceitos e esta alma forte que eles exigem e que o senhor possui... Renunciar à sociedade, o senhor! Apelo ao seu coração; consulte-o e ele lhe dirá que o homem de bem vive no seio da sociedade e apenas o homem mau vive só.

DORVAL – Mas a desventura me persegue e invade tudo aquilo de que me aproximo. O Céu, que quer que eu viva em meio aos infortúnios, não há de querer que eu arraste junto comigo os demais. Todos eram felizes aqui, quando eu cheguei.

CONSTANCE – O Céu às vezes fica sombrio; e se estamos em meio à névoa, um instante a criou e um instante a dissipará. Aconteça o que acontecer, o homem sensato permanece em seu lugar e aí espera pelo fim de suas penas.

DORVAL – Mas ele não temerá adiá-lo, ao multiplicar os objetos de seu afeto?... Constance, não sou indiferente a essa inclinação tão geral e tão doce que arrebata todos os seres e leva-os a eternizar a espécie. Senti em meu coração que o universo seria para mim sempre uma imensa solidão, sem uma companheira que partilhasse minha alegria e minha dor... Em meus acessos de melancolia, chamava por essa companheira.

CONSTANCE – E o Céu a enviou.

DORVAL – Tarde demais, para minha infelicidade. O Céu assustou uma alma simples que se daria por satisfeita com as menores bênçãos. Encheu-a de temores, terrores, de um secreto horror... Dorval ousaria se responsabilizar pela felicidade de uma mulher!... Ele se tornaria pai!... Ele teria filhos!... Filhos!... Tremo só de pensar que somos jogados, logo ao nascer, num caos de preconceitos, extravagâncias, vícios e miséria.

CONSTANCE – O senhor está obcecado por fantasmas, e isso não me surpreende. A história da vida é tão pouco conhecida, a da morte é tão obscura, e é tão nítida a presença do mal no universo... Dorval, seus filhos não estão destinados a sucumbir ao caos que o senhor teme. Eles passarão os primeiros anos de vida sob seus cuidados e isso bastará para garantir o que virá depois... Eles aprenderão com o senhor a pensar como o senhor. Suas inclinações, seus gostos, suas idéias serão a eles transmitidos. Eles aprenderão com o senhor estas noções tão justas que o senhor possui da grandeza e da baixeza reais, da felicidade verdadeira e da miséria aparente. Dependerá só do senhor que eles tenham uma consciência em tudo semelhante à sua. Eles o verão agir. Eles me ouvirão, às vezes, falar. (*Sorrindo com dignidade, acrescenta*:) ... Dorval, suas filhas serão honestas e virtuosas. Seus filhos serão nobres e altivos. Todos os seus filhos serão encantadores.

DORVAL (*Pega a mão de Constance, aperta-a entre as suas, sorri para ela comovido e diz*:) – Se, por infelicidade, Constance se enganasse... Se eu tivesse filhos, como vejo tantos por aí, infelizes e maus... Eu me conheço. Eu morreria de dor.

CONSTANCE (*Num tom patético e com ar compenetrado.*) – Mas o senhor não teria esse medo, se pensasse que o efeito da virtude sobre nossa alma não é nem menos necessário nem menos potente que o da beleza sobre nossos sentidos; se pensasse que há no coração do homem um gosto pela ordem mais antigo que qualquer sentimento refletido; que é esse gosto que nos torna sensíveis à vergonha; a vergonha que nos faz temer o desprezo até mais do que a morte; que a imitação é natural em nós e que nada cativa mais fortemente que o exemplo da virtude, nem mesmo o exemplo do vício... Ah! Dorval, quantos meios de tornar bons os homens!

DORVAL – Claro, se soubéssemos usá-los... Mas concordo que, por meio de constante desvelo, auxiliado por tendências naturais positivas, a senhora consiga afastá-los do vício; isso tornará menos lamentável a situação deles? Como a senhora afastará o terror e os preconceitos que os esperam no limiar deste mundo e que os seguirão até a sepultura? A loucura e a miséria do homem me apavoram. Quantas opiniões monstruosas das quais ele é alternadamente autor e vítima? Ah!

Constance, quem não temeria aumentar o número destes infelizes que já foram comparados a prisioneiros que, encarcerados numa funesta masmorra,

> Podendo socorrer-se, obstinam-se um contra o outro,
> Combatem-se com os ferros que os acorrentam[1]?

CONSTANCE – Conheço os males que o fanatismo causou e os que daí ainda podem advir... Mas se aparecesse hoje em dia... entre nós... um monstro semelhante àquele que o fanatismo produziu em tempos de trevas, quando seu furor e suas ilusões embebiam em sangue esta terra... se esse monstro fosse visto hoje, prestes a cometer o maior dos crimes, invocando a ajuda do Céu... tendo numa das mãos a lei de seu Deus e na outra um punhal, e prestes a lançar os povos em infindáveis lamentações... creia-me, Dorval, isso despertaria tanto espanto quanto horror... Ainda há bárbaros, sem dúvida; quando não haverá mais? Contudo, os tempos de barbárie ficaram para trás. O século se iluminou. A razão se depurou. Seus preceitos dominam os escritos da nação. E praticamente só são lidos aqueles que inspiram aos homens a benevolência geral. Essas são as lições que ecoam em nossos teatros e que nunca ecoarão em demasia. E o filósofo, cujos versos o senhor lembrou, deve seu sucesso aos sentimentos de humanidade que disseminou em seus poemas e ao poder que eles têm sobre nossa alma. Não, Dorval, um povo que vem todos os dias comover-se diante da virtude infeliz não pode ser nem mau nem selvagem. É o senhor mesmo, são os homens que se assemelham ao senhor, que a nação respeita e que o governo deve proteger mais do que nunca, eles é que libertarão seus filhos desta cadeia terrível que, em sua melancolia, o senhor vê envolver suas inocentes mãozinhas.

E qual será meu dever e o seu senão acostumá-los a admirar, até no Autor de todas as coisas, as qualidades que eles es-

1. Voltaire, *Poema sobre a Lei Natural*, III parte, v. 371-372 (1756).

timarão em nós? Nós lhes mostraremos incessantemente que as leis da humanidade são imutáveis, que nada pode a elas escapar, e veremos germinar em sua alma esse sentimento de generosidade universal que abarca toda a natureza... O senhor me disse cem vezes que uma alma delicada não contemplava o sistema geral dos seres sensíveis sem desejar intensamente para si a felicidade que aí reina, sem dela participar; e não temo absolutamente que do seu sangue, em meu seio, se forme uma alma cruel.

DORVAL – Constance, uma família exige uma grande fortuna e eu não vou esconder que a minha acaba de ser reduzida à metade.

CONSTANCE – As necessidades reais têm um limite; as da fantasia não. Por maior que seja a sua fortuna, Dorval, se a virtude faltar a seus filhos, eles serão sempre pobres.

DORVAL – A virtude? fala-se muito dela.

CONSTANCE – É a coisa mais bem conhecida no universo e a mais reverenciada. Porém, Dorval, nós a ela nos apegamos mais pelos sacrifícios que por ela fazemos do que pelos encantos que lhe atribuímos; e infeliz daquele que não lhe fez sacrifícios suficientes para preferi-la a tudo o mais, para só por ela viver, só por ela respirar; para embriagar-se em seu doce hálito e encontrar o fim de seus dias nessa embriaguez!

DORVAL – Que mulher! (*Ele está espantado. Fica um momento em silêncio. Em seguida diz*:) Mulher adorável e cruel, a que estado fui reduzido! A senhora arranca de mim o mistério de meu nascimento. Saiba que mal conheci minha mãe. Uma jovem desafortunada, terna demais, sensível demais, deu-me a vida e morreu logo depois. Sua família, irritada e poderosa, obrigou meu pai a ir para as Antilhas. Lá ele tomou conhecimento da morte de minha mãe, no momento em que podia sonhar tornar-se seu esposo. Privado dessa esperança, ele se fixou nas ilhas; mas não esqueceu a criança que tinha tido com uma mulher que amou. Constance, eu sou esse filho... Meu pai fez várias viagens à França. Eu o vi. E esperava revê-lo ainda, mas não espero mais. Agora a senhora já sabe: aos olhos do mundo, meu nascimento é indigno, e minha fortuna desapareceu.

CONSTANCE – O nascimento nos é dado, mas nossas virtudes são nossas. No que diz respeito a riquezas sempre embaraçosas e freqüentemente perigosas, fazendo-as recair, sem distinção, sobre os bons e os maus, o Céu já define o valor que se deve dar a elas. Berço, honrarias, fortuna, grandezas, tudo isso os maus podem ter, mas não as bênçãos do Céu.

Foi isso o que um pouco de bom senso me ensinou, muito tempo antes que me tivessem sido confiados os segredos de Dorval; e só me faltava conhecer o dia de minha felicidade e de minha glória.

DORVAL – Rosali está infeliz. Clairville está desesperado.

CONSTANCE – Sua censura me faz corar. Dorval, vá procurar meu irmão. Eu vou ver Rosali. Sem dúvida cabe a nós reaproximarmos esses dois seres tão dignos de se unirem. Se formos bem-sucedidos, nada mais faltará para a realização dos nossos desejos.

Cena 4

DORVAL, *só*

Essa é a mulher por quem Rosali foi educada. Esses foram os princípios que ela recebeu!

Cena 5

DORVAL, CLAIRVILLE

CLAIRVILLE – Que será de mim? O que você resolveu a meu respeito?

DORVAL – Que você se apegue mais que nunca a Rosali.

CLAIRVILLE – É o seu conselho?

DORVAL – É o meu conselho.

CLAIRVILLE (*Saltando-lhe ao pescoço.*) – Ah!, meu amigo, devo-lhe a vida. E duas vezes no mesmo dia. Eu vinha, trêmulo, conhecer a minha sorte. Quanto sofri desde que o deixei! Nunca como agora tive tanta certeza de que meu destino é amar Rosali, por mais injusta que ela seja. Na hora do desespero, a pessoa arquiteta um projeto violento; mas, passado um instante, o projeto se desfaz e resta a paixão.

DORVAL (*Sorrindo.*) – Eu sabia. Mas e a sua reduzida fortuna? A insignificância da dela?

CLAIRVILLE – O estado mais miserável, na minha opinião, é viver sem Rosali. Pensando nisso, tomei uma decisão. Se é permitido a alguém suportar impacientemente a miséria, essa permissão é dada aos apaixonados, aos pais de família, a todos os homens generosos; e sempre há caminhos para sair dela.

DORVAL – E o que você vai fazer?

CLAIRVILLE – Vou me dedicar ao comércio.

DORVAL – Com o nome que você carrega, você teria coragem?[2]

CLAIRVILLE – Por que coragem? Ela não é necessária. Com uma alma altiva, um caráter inflexível, é muito pouco provável que eu consiga do favor [do rei] a fortuna de que necessito. A que se obtém pela intriga é rápida mas indigna; pelas armas, gloriosa, mas demorada; pelo talento, sempre difícil e limitada. Há outras profissões que levam rapidamente à riqueza; mas o comércio é praticamente a única em que as grandes fortunas são proporcionais ao trabalho, à habilidade, aos perigos que as dignificam. Vou me tornar comerciante, repito; só me faltam a competência e o traquejo, mas sei que isso você tem de sobra.

DORVAL – Tem razão. Vejo que o amor não tem preconceitos. Mas agora trate apenas de convencer Rosali e você não precisará mudar de condição social. O navio que transportava

2. No *Ancien Régime*, o comércio era atividade destinada prioritariamente aos burgueses, ficando malvistos os nobres que a ele se dedicavam.

a fortuna dela foi interceptado por inimigos, mas estava no seguro e não houve perdas. A notícia está nos jornais, e eu lhe aconselho a ir contar a novidade a Rosali.

CLAIRVILLE – Vou correndo.

Cena 6

DORVAL, CHARLES, *ainda de botas*.

DORVAL (*Anda de um lado para o outro.*) – Ele não vai conseguir dobrá-la... Não... Mas por que não, se é isso o que quero?... Um exemplo de honestidade, de coragem... um último esforço sobre mim mesmo... sobre ela...

CHARLES (*Entra e fica de pé, sem nada dizer, até que seu patrão o vê. Então diz:*) – Senhor, já mandei passar para Rosali.

DORVAL – Compreendo.

CHARLES – Aqui está o comprovante. (*Dá ao patrão o recibo de Rosali.*)

DORVAL – Está bem.

(*Charles sai. Dorval continua a caminhar e depois de uma pausa curta, diz:*)

Cena 7

DORVAL, *só*

Eu terei sacrificado tudo. A fortuna! (*Repete com desdém*:) a fortuna! minha paixão! a liberdade!... Mas o sacrifício da minha liberdade já está inteiramente decidido!... Ó, razão! quem pode resistir a ti quando assumes o tom encantador e a voz da mulher?... Homem pequeno e limitado, simplório o suficiente para imaginar que teus erros e teu infortúnio têm alguma importância no universo; que uma coincidência de infinitos acasos preparava desde sempre tua infelicidade; que teu apego a um ser pode decidir o destino dele: vem ouvir Constance, e reconhece a futilidade de teus pensamentos… Ah! quem dera encontrar em mim a força da inspiração e a superioridade intelectual com a qual essa mulher se apoderava de minha alma e a dominava, eu iria ver Rosali, ela me ouviria e Clairville seria feliz… Mas por que não teria eu sobre essa alma terna e flexível a mesma ascendência que Constance conseguiu ter sobre mim? Desde quando a virtude perdeu seu poder?… Vamos vê-la, falar com ela; e apostar na integridade de seu caráter e do sentimento que me anima. Fui eu que desencaminhei seus passos inocentes; fui eu que a mergulhei na dor e no abatimento; cabe a mim estender-lhe a mão e reconduzi-la ao caminho da felicidade.

Fim do quarto ato

ATO V

Cena 1

ROSALI, JUSTINE

(*Rosali, tristonha, anda de um lado para o outro ou fica imóvel, sem prestar atenção ao que Justine diz:*)

JUSTINE – Seu pai sobrevive a milhares de perigos! Sua fortuna é recuperada! A senhorita volta a ser dona de seu destino e nada a comove! Sinceramente, a senhorita não merece tanta coisa boa que lhe está acontecendo.

ROSALI – … Um laço eterno vai uni-los!… Justine, André já está instruído? Ele já foi? Já voltou?

JUSTINE – O que a senhorita está pretendendo fazer?

ROSALI – Minha vontade… Não, meu pai não vai entrar de jeito nenhum nesta casa funesta!… Não vou mesmo ser testemunha da alegria deles… Ao menos vou fugir de amizades que me matam.

Cena 2

ROSALI, JUSTINE, CLAIRVILLE

CLAIRVILLE (*Chega precipitadamente e, ao se aproximar de Rosali, joga-se a seus pés e diz*:) Então, cruel, é melhor tirar-me a vida! Eu sei de tudo. André me contou tudo. Você está afastando seu pai daqui. E de quem é que você o afasta? De um homem que a adora, que ia abandonar, sem pensar duas vezes, o país, a família, os amigos, para cruzar os mares e ir ajoelhar-se diante de seus inflexíveis pais, para morrer ou conseguir o seu consentimento... Naquela época, Rosali, meiga, sensível, fiel, partilhava meus desgostos; hoje é ela quem os causa.

ROSALI (*Emocionada e um pouco desconcertada.*) – Esse André é um inconseqüente. Eu não queria que você soubesse do meu intento.

CLAIRVILLE – Você queria me enganar.

ROSALI (*Veemente.*) – Eu nunca enganei ninguém.

CLAIRVILLE – Diga então por que você já não me ama. Negar-me seu coração é condenar-me à morte. Você deseja a minha morte. É o que você deseja. Estou vendo.

ROSALI – Não, Clairville. Eu quero sinceramente que você seja feliz.

CLAIRVILLE – E me abandona!

ROSALI – Mas você não poderia ser feliz sem mim?

CLAIRVILLE – Você me dilacera o coração. (*Ele continua ajoelhado aos pés de Rosali. Ao dizer essas palavras, baixa a cabeça, que se apóia nela, e fica um momento em silêncio.*) ... Você não devia jamais mudar !... Você jurou!... Louco que eu era, acreditei em você... Ah! Rosali, onde estão as promessas feitas e refeitas a cada dia com entusiasmo renovado? O que aconteceu com suas juras?... Meu coração, feito para receber e guardar eternamente a impressão de suas virtudes e de seus encantos, Rosali, não perdeu nenhum de seus sentimentos;

entretanto, para você, nada resta... O que foi que eu fiz para destruí-los assim?

ROSALI – Nada.

CLAIRVILLE – E por que então eles não existem mais, nem aqueles instantes tão doces em que eu lia meus sentimentos nos seus olhos?... e estas mãos (*Toma uma das mãos dela.*) me concediam a graça de enxugar minhas lágrimas, ora amargas, ora deliciosas, que ora o medo, ora a ternura faziam escorrer-me pelo rosto?... Rosali, não me leve ao desespero!... por piedade por você mesma. Você não conhece o seu próprio coração. Não, você não o conhece. Não avalia a tristeza que está preparando para si mesma.

ROSALI – Já sofri muito por causa disso.

CLAIRVILLE – Deixarei no fundo da sua alma uma imagem terrível que alimentará a perturbação e a dor. Sua injustiça perseguirá você.

ROSALI – Clairville, não me assuste. (*Olhando-o fixamente.*) O que você quer de mim?

CLAIRVILLE – Convencê-la ou morrer.

ROSALI (*Depois de uma pausa.*) – Dorval é seu amigo?

CLAIRVILLE – Ele conhece minha dor. Ele compartilha dela.

ROSALI – Ele engana você.

CLAIRVILLE – Eu estava morrendo por causa da sua crueldade. Foram os conselhos dele que me salvaram. Sem Dorval, eu não estaria mais aqui.

ROSALI – Ele engana você, estou dizendo. Ele é um homem perverso.

CLAIRVILLE – Dorval, perverso! Rosali, você sabe o que está dizendo? Há duas pessoas no mundo que eu trago no fundo do meu coração; são Dorval e Rosali. Atacá-los nesse refúgio é causar-me um sofrimento mortal. Dorval, perverso! E dito por Rosali! Logo ela!... Para arrasar-me de vez, só lhe faltava, realmente, acusar o meu amigo!

Cena 3

ROSALI, JUSTINE, CLAIRVILLE, DORVAL

CLAIRVILLE – Venha, meu amigo, venha. Rosali, outrora tão sensível, agora tão cruel, acusa-o sem razão e condena-me a um desespero sem fim, eu, que preferiria morrer a causar a ela o mais mínimo desgosto. (*Dito isso, esconde as lágrimas; afasta-se e vai sentar-se num canapé ao fundo do salão, assumindo a postura de um homem desolado.*)

DORVAL (*Mostrando Clairville a Rosali, diz-lhe:*) – Senhorita, contemple sua obra e a minha. É isto que ele devia esperar de nós? Um desespero funesto será então o fruto amargo de minha amizade e de seu afeto; e nós o deixaremos perecer assim!

(*Clairville se levanta e sai, como alguém que vaga sem rumo. Rosali o segue com os olhos e Dorval, depois de ter pensado um pouco, continua em tom baixo, sem olhar para Rosali:*)

Ele está sofrendo, mas, pelo menos, não precisa esconder. Sua alma honesta pode mostrar toda a dor que sente… E nós, envergonhados de nossos sentimentos, não ousamos confiá-los a ninguém; nós os ocultamos de nós mesmos… Dorval e Rosali, contentes por escaparem às suspeitas, são talvez suficientemente ordinários para felicitar-se em segredo… (*Aqui ele se volta repentinamente para Rosali.*) … Ah! senhorita, fomos feitos para toda esta humilhação? Queremos persistir por mais tempo numa vida tão abjeta? De minha parte, eu não suportaria a convivência com meus semelhantes, se houvesse, em qualquer parte do mundo habitado, um único lugar onde eu merecesse o desprezo deles.

Salvo do perigo, venho em seu auxílio, senhorita. Preciso recolocá-la no lugar onde a encontrei, senão, morrerei de arrependimento.

(*Pára um pouco, depois diz:*) Rosali, responda. A virtude tem para você algum valor? Você ainda a ama?

ROSALI – Para mim, ela vale mais do que a vida.

DORVAL – Vou, então, falar-lhe do único meio de reconciliar-se consigo mesma, de ser digna da sociedade no seio da qual você vive; de merecer ser chamada de aluna e amiga de Constance e de ser objeto do respeito e do amor de Clairville.

ROSALI – Fale; estou escutando.

(*Rosali se apóia contra o encosto de uma poltrona, a cabeça inclinada sobre uma das mãos, e Dorval continua.*)

DORVAL – Imagine, senhorita, que uma única idéia nociva que nos persegue basta para aniquilar a felicidade, e que a consciência de uma única má ação é a mais nociva de todas as idéias. (*Com energia e rapidamente.*) A partir do momento em que cometemos o mal, ele não nos abandona mais; ele se estabelece no fundo de nossa alma juntamente com a vergonha e o remorso; nós o carregamos conosco e ele nos atormenta.

Se você se entrega a uma inclinação condenável, há olhares que deverão ser evitados para sempre; e esses olhares são exatamente os das duas pessoas que nós prezamos acima de tudo neste mundo. Será preciso afastar-se, fugir delas e caminhar cabisbaixo em sociedade. (*Rosali suspira.*) E, longe de Clairville e de Constance, para onde iríamos? em que nos transformaríamos? com quem poderíamos conviver?... Ser mau significa condenar-se a viver, a divertir-se na companhia dos maus; é querer ficar misturado numa multidão de seres sem princípios, sem caráter e sem personalidade; viver continuamente na mentira de uma vida incerta e conturbada; elogiar, corando, a virtude que abandonamos; ouvir da boca dos demais a censura aos atos que praticamos; procurar o repouso em sistemas que o mero sopro de um homem de bem derruba; estancar para sempre a fonte das verdadeiras alegrias, as únicas que são honestas, austeras e sublimes; e entregar-se, para fugir de si mesmo, ao tédio de todos estes divertimentos frívolos, que fazem o dia passar sem que se perceba, e nos quais a vida se esvai e se perde... Rosali, não estou exagerando. Quando o fio do labirinto se rompe, a pessoa não é mais senhora de seu destino; não sabe até onde pode se desencaminhar.

Você está assustada! E ainda não teve a noção completa do perigo que corre. Rosali, você esteve a ponto de perder o maior bem que uma mulher pode possuir sobre a terra; um bem que ela deve incessantemente pedir ao Céu, e do qual, no entanto, ele é bastante avaro: um esposo virtuoso! Você ia marcar com uma injustiça o dia mais solene de sua vida, e se condenar a enrubescer à simples lembrança de um instante que só se deve recordar com um sentimento delicioso... Imagine que ao pé do altar onde você teria recebido o meu juramento e eu teria exigido o seu, a idéia de Clairville traído e desesperado viria persegui-la. Você teria visto o olhar severo de Constance pousado sobre você. Essas seriam as testemunhas aterrorizantes de nossa união... E essa palavra, tão doce de pronunciar e de ouvir, quando garante e completa a felicidade de dois seres cujos desejos trazem a marca da inocência e da virtude, essa palavra fatal teria selado para sempre nossa injustiça e nossa infelicidade... Sim, senhorita, para todo o sempre. A embriaguez passa. A pessoa se vê tal e qual é. Sente desprezo por si mesma. Acusa-se, e a miséria começa. (*Aqui Rosali deixa escaparem algumas lágrimas, que seca furtivamente.*)

E, realmente, que confiança se pode ter numa mulher que enganou o noivo? em um homem que enganou o amigo?... Senhorita, é preciso que aquele que ousa comprometer-se com laços indissolúveis veja em sua companheira a primeira entre as mulheres; e, malgrado seu, Rosali não verá em mim senão o último dos homens... Isso é inadmissível... Nada pode ser maior que o respeito que quero sentir pela mãe de meus filhos; e espero dela o mesmo.

Você enrubesce. Baixa os olhos... Como? Você estaria ofendida por saber que há, para mim, na natureza, algo de mais sagrado que você? Gostaria de me rever ainda naqueles momentos humilhantes e cruéis nos quais você me desprezava, sem dúvida; nos quais eu odiava a mim mesmo e temia encontrá-la; nos quais você estremecia ao me escutar e nossas almas, flutuando entre o vício e a virtude se despedaçavam?...

Como fomos infelizes, senhorita! Mas minha infelicidade cessou no momento em que comecei a agir de forma correta. Consegui sobre mim mesmo a vitória mais difícil, porém a mais completa. Voltei a ser eu mesmo. Não temo mais Rosali; e poderia sem temor confessar-lhe toda a desordem que ela havia lançado em minha alma quando, na maior perturbação de sentimentos e idéias que um mortal jamais experimentou, eu estava respondendo... Mas um acontecimento imprevisto, o erro de Constance, o seu, e meus esforços me libertaram... Agora eu estou livre...

(*A essas palavras Rosali parece arrasada. Dorval, percebendo, volta-se para ela e olha-a com uma expressão mais suave; depois continua.*)

Mas o que eu fiz Rosali conseguiria fazer mil vezes mais facilmente do que eu. Seu coração foi criado para sentir, seu espírito para pensar, sua boca para anunciar tudo o que é honesto. Se eu tivesse demorado mais alguns instantes, eu é que teria ouvido de Rosali tudo o que ela acabou de ouvir de mim. Eu é que a teria escutado. Eu a teria olhado como a uma divindade benfazeja que me estendia a mão e conduzia meus passos vacilantes. Ao ouvir sua voz, a virtude se teria reacendido em meu coração.

ROSALI (*Com voz trêmula.*) – Dorval...

DORVAL (*Compreensivo.*) – Rosali...

ROSALI – O que devo fazer?

DORVAL – Pagaremos caro para recuperar o respeito de nós mesmos!

ROSALI – É o meu desespero o que você quer?

DORVAL – Não, mas há ocasiões em que só uma ação forte pode reerguer-nos.

ROSALI – Compreendo. Você é meu amigo... Sim, eu terei coragem... Não vejo a hora de ir procurar Constance... Finalmente sei onde a felicidade espera por mim.

DORVAL – Ah, agora eu reconheço Rosali. É você, porém mais bela, mais tocante do que nunca a meus olhos! Agora você é novamente digna da amizade de Constance, do amor de Clairville e de toda a minha estima; sim, porque agora eu ouso nomear a mim mesmo.

Cena 4

ROSALI, JUSTINE, DORVAL, CONSTANCE

ROSALI (*Corre ao encontro de Constance.*) – Venha, Constance, venha receber da mão de sua pupila o único mortal digno de você.

CONSTANCE – E você, senhorita, corra para abraçar seu pai. Ei-lo aqui!

Cena 5 e última

ROSALI, JUSTINE, DORVAL, CONSTANCE, o velho LYSIMOND, apoiado em CLAIRVILLE E ANDRÉ; CHARLES, DILVESTRE e toda a criadagem.

ROSALI – Meu pai!

DORVAL – Céu! o que vejo? É Lysimond! é meu pai!

LYSIMOND – Sou eu, meu filho. Sou eu, sim. (*Para Dorval e Rosali.*) Aproximem-se, meus filhos, quero beijá-los… Ah, minha filha! Ah! meu filho!… (*Olha para os dois.*) Ao menos consegui ver vocês… (*Dorval e Rosali estão atônitos; Lysimond percebe.*) Meu filho, aqui está sua irmã… Minha filha, aqui está seu irmão…

ROSALI – Meu irmão!

DORVAL – Minha irmã!

ROSALI – Dorval!

DORVAL – Rosali!

(*Essas palavras são pronunciadas na velocidade ditada pela surpresa e são ouvidas praticamente ao mesmo tempo.*)

LYSIMOND (*Sentado.*) – Isso mesmo, meus filhos; vocês vão saber de tudo... Aproximem-se, quero beijá-los mais uma vez... (*Levanta as mãos para o Céu.*) ...Que o Céu, que me devolveu a vocês, que devolveu vocês a mim, possa abençoá-los... que ele nos abençoe a todos... (*Para Clairville:*) Clairville, (*Para Constance:*) minha senhora, perdoem um pai que reencontra seus filhos. Eu acreditei que eles estavam perdidos para mim... Disse a mim mesmo cem vezes: nunca mais vou conseguir revê-los. Eles não me reverão mais. Talvez, coitados, nunca saibam um do outro!... Quando embarquei, minha querida Rosali, minha mais doce esperança era apresentar a você um filho digno de mim, um irmão digno de toda a sua ternura, que servisse de apoio a você quando eu não estivesse mais aqui... o que não vai demorar a acontecer... Mas, meus filhos, por que ainda não vejo em seu rosto a comoção que imaginei?... Minha idade, meu estado de saúde, minha morte, que está próxima, afligem vocês... Ah, meus filhos, trabalhei tanto, sofri tanto!... Dorval, Rosali! (*Dizendo isso, o ancião estende os braços na direção de seus filhos, que ele olha alternadamente e que convida a se reconhecerem.*)

(*Dorval e Rosali se olham, se abraçam e vão juntos ajoelhar-se diante de seu pai, exclamando:*)

DORVAL E ROSALI – Ah! meu pai!

LYSIMOND (*Impondo-lhes as mãos e levantando os olhos para o Céu, diz:*) – Oh, Céu, dou-te graças! Meus filhos se viram; eles vão amar um ao outro, como espero, e eu morrerei satisfeito... Clairville, você amava Rosali; Rosali, você amava Clairville. Você o ama ainda. Aproximem-se para que eu os una.

(*Clairville, sem ousar aproximar-se, contenta-se em estender os braços para Rosali, com todo o ímpeto do desejo e da paixão. Ele espera. Rosali o olha um instante e avança. Clairville se precipita e Lysimond os une.*)

ROSALI (*Numa interrogação.*) – Meu pai?...

LYSIMOND – Sim, minha filha...

ROSALI – Constance... Dorval... Eles são dignos um do outro.

LYSIMOND (*Para Constance e Dorval.*) – Compreendo. Venham, meus filhos queridos. Venham. Vocês redobram a minha felicidade.

(*Constance e Dorval se aproximam de Lysimond, muito sérios. O bondoso ancião toma a mão de Constance, beija-a e apresenta-lhe a de Dorval, que Constance recebe.*)

LYSIMOND (*Chorando e enxugando os olhos com a mão, diz:*) – Estas lágrimas são de alegria, e serão as últimas... Deixo-lhes uma grande fortuna. Usufruam dela do mesmo modo como eu a adquiri. Minha riqueza nada custou à minha honestidade. Meus filhos, vocês podem dispor dela sem remorsos... Rosali, você está olhando para seu irmão, e seus olhos marejados de lágrimas pousam sobre mim... Minha filha, você vai saber de tudo; já contei a você que... Mas poupe esta confissão a seu pai e a um irmão sensível e delicado... O Céu, que encheu de amarguras a minha vida, reservou-me a pureza especialmente para estes últimos instantes. Querida filha, deixe-me aproveitá-los... Tudo está bem acomodado entre vocês... Minha filha, a situação dos meus bens é a seguinte...

ROSALI – Pai...

LYSIMOND – Tome, minha filha. Eu já vivi. Agora é a vez de vocês viverem e de eu me finar; amanhã mesmo, se o Céu assim determinar, e sem remorsos... Aqui estão, meu filho, as minhas últimas vontades. Você vai respeitá-las. E, sobretudo, não se esqueçam de André. É a ele que eu vou dever a felicidade de morrer junto de vocês. Rosali, é de André que eu me lembrarei, na hora de minha morte, quando a sua mão, minha filha, fechar os meus olhos... Vocês verão, meus filhos, que só o afeto foi meu conselheiro e que eu amava vocês dois igualmente. A perda que sofri não foi grande. Juntos, vocês podem suportá-la.

ROSALI – Mas como? Meu pai... recebi...

(*Ela mostra ao pai a pasta enviada por Dorval.*)

LYSIMOND – Recebeu... Ora... (*Abre a pasta, examina o conteúdo e diz:*) Dorval, só você pode esclarecer esse mistério.

Esses bens pertenciam a você. Fale. Diga como foi que eles vieram parar nas mãos de sua irmã.

CLAIRVILLE (*Num ímpeto.*) – Compreendi tudo. Ele arriscou a vida por mim; e sacrificou por mim sua fortuna!

ROSALI (*Para Clairville.*) – Sua paixão!

CONSTANCE (*Para Clairville.*) – Sua liberdade!

(*Essas palavras são ditas com muita rapidez e são ouvidas praticamente ao mesmo tempo.*).

CLAIRVILLE – Ah, meu amigo! (*Abraça-o.*)

ROSALI (*Lançando-se nos braços de seu irmão e baixando os olhos.*) – Meu irmão...

DORVAL (*Sorrindo.*) – Eu era um insensato; você era uma criança.

LYSIMOND – Meu filho, o que eles estão querendo dizer? Você deve ter dado a eles algum grande motivo de admiração e alegria, que eu não compreendo, que seu pai não pode compartilhar.

DORVAL – Meu pai, a alegria de revê-lo nos arrebata.

LYSIMOND – Que o Céu, que abençoa os filhos por meio dos pais, e os pais por meio dos filhos, possa conceder-lhes filhos que se pareçam com vocês e que lhes retribuam com a mesma ternura que vocês têm por mim!

Fim do quinto ato e da peça

¤ ¤ ¤

Prometi dizer por que motivo não assisti[1] à última cena; foi o seguinte: Lysimond já tinha morrido. Chamaram, para substituí-lo na peça, um de seus amigos, que tinha mais ou menos

1. No original: "je n'entendis pas", não ouvi. Dorval instalou o narrador no salão de forma que este pudesse ouvir e ver a cena. Daí nossa opção pelo verbo "assistir" nesta ocorrência.

a mesma idade, o mesmo porte, a mesma voz e os cabelos brancos como os dele.

Esse senhor entrou no salão, como Lysimond ali havia entrado pela primeira vez, amparado por Clairville e André, e coberto com os andrajos trazidos das prisões. Mas mal ele apareceu, como o momento da ação colocasse diante dos olhos da família um homem que tinham acabado de perder, que todos respeitavam muito e que era muito querido, ninguém conseguiu conter as lágrimas. Dorval chorava. Constance e Clairville choravam. Rosali abafava os soluços e desviava os olhos. O ancião que representava Lysimond se comoveu e pôs-se também a chorar. A dor, passando dos patrões aos criados, tornou-se geral e a peça não se concluiu.

Quando todo mundo se retirou, eu saí do meu canto e fui embora como tinha vindo. No caminho, eu secava os olhos e dizia a mim mesmo para me consolar, porque minha alma estava triste: "Eu sou mesmo bem bobo de sofrer assim. Isso não passa de uma peça de teatro[2]. Dorval tirou o tema da cabeça dele. Criou os diálogos como bem entendeu e hoje as pessoas estavam representando por passatempo".

No entanto, algumas circunstâncias me intrigavam. A história de Dorval era conhecida na região. A representação tinha sido tão verdadeira que, esquecendo em várias passagens que eu era espectador e espectador ignorado, estive a ponto de sair de meu lugar e acrescentar um personagem real à cena. E depois, como conciliar com as minhas idéias o que tinha acabado de se passar? Se a peça era uma peça[3] como outra qualquer, por que eles não conseguiram representar a última cena? Qual era a causa da dor profunda que os invadiu quando viram o ancião que fazia Lysimond?

2. No original, *comédie*, termo genérico, usado, àquela época, para designar todo tipo de peça teatral.

3. *Comédie*, no original.

Alguns dias depois, fui agradecer a Dorval a tarde deliciosa e cruel que eu devia à sua boa vontade...

"O senhor gostou então?... "

Eu gosto de dizer a verdade. Dorval gosta de ouvir a verdade, e eu lhe respondi que o trabalho dos atores tinha causado sobre mim uma impressão tão forte, que eu me sentia incapaz de opinar sobre o resto; aliás, não tendo assistido[4] à última cena, eu ignorava o desfecho; mas, se ele quisesse me mostrar o texto, eu poderia dar-lhe a minha opinião...

"A sua opinião! E eu já não sei o que quero saber a respeito? Uma peça é feita mais para ser representada que para ser lida; a representação lhe agradou, não preciso saber mais nada. De todo modo, tome. Leia e voltaremos a conversar."

Peguei a obra de Dorval. Li com a cabeça descansada, e conversamos sobre ela no dia seguinte e nos dois dias subseqüentes.

Seguem-se as nossas conversas. Mas que diferença entre o que Dorval me dizia e o que eu estou escrevendo!... São talvez as mesmas idéias; mas o gênio do homem já não está mais aqui... em vão busco em mim mesmo a impressão que o espetáculo da natureza e a presença de Dorval me causavam. Não consigo recuperá-la; não vejo mais Dorval; não mais o escuto. Estou só, em meio à poeira dos livros e na penumbra de um escritório... E escrevo estas linhas, insignificantes, tristes e frias.

4. No original: "n'ayant point entendu", não tendo ouvido (ver nota supra).

DORVAL E EU

PRIMEIRA CONVERSA

Naquele dia, Dorval tinha tentado, sem êxito, resolver uma questão que opunha, há muito tempo, duas famílias da vizinhança, e que poderia arruinar a ambas. Ele estava pesaroso, e vi que seu estado de ânimo perpassaria a nossa conversa de uma tonalidade sombria. Mesmo assim eu lhe disse:

"Li seu texto, mas ou muito me engano ou o senhor não respeitou escrupulosamente as determinações do senhor seu pai. Ele havia recomendado, ao que me parece, que as coisas fossem apresentadas como aconteceram; e observei que muitas passagens adquiriram um caráter ficcional que só se admite no teatro, onde, diríamos, há uma ilusão e aplausos de convenção.

Em primeiro lugar, o senhor se submeteu à regra das unidades. Entretanto, não é crível que tantos fatos se tenham passado num mesmo lugar; que tenham acontecido num intervalo de apenas vinte e quatro horas e que se tenham sucedido na história real do modo como estão encadeados em sua obra.

Dorval – O senhor tem razão. Mas se o fato durou quinze dias, seria necessário atribuir à representação a mesma duração? Se os acontecimentos sofreram a interpolação de outros, o senhor crê que seria adequado reproduzir toda essa confusão? E se eles se passaram em diferentes lugares da casa, eu devia também espalhá-los pelos espaços em que ocorreram?

As regras das três unidades são difíceis de observar; mas são sensatas.

Na sociedade, as situações se prolongam devido a pequenos incidentes que atribuiriam verdade a um romance, mas que despojariam uma obra dramática de qualquer interesse: no romance, nossa atenção se divide entre uma infinidade de objetos diferentes; mas no teatro, onde são representados instantes particulares da vida real, é preciso que estejamos concentrados numa única coisa.

Prefiro que uma peça seja simples a que seja carregada de incidentes. Contudo, fico mais atento à ligação entre eles que à sua multiplicidade. Estou menos disposto a acreditar em dois acontecimentos que o acaso tornou sucessivos ou simultâneos do que em um grande número deles que, comparados com a experiência do dia-a-dia, segundo a regra invariável das verossimilhanças dramáticas, a mim me parecessem atrair-se reciprocamente por ligações necessárias.

A arte de construir uma trama consiste em ligar os acontecimentos de modo que o espectador de bom senso aí perceba sempre uma razão que o satisfaça. Quanto mais singulares forem os acontecimentos, mais forte deve ser a razão que os liga. Mas não se deve julgar isso em relação a si próprio. Aquele que age e aquele que olha são dois seres muito diferentes.

Eu ficaria muito aborrecido de ter tomado alguma liberdade que contrarie esses princípios gerais da unidade de tempo e da unidade de ação; e creio que nunca se é severo demais no tocante à unidade de lugar. Sem essa unidade, o desenvolvimento de uma peça é quase sempre confuso e tortuoso. Ah! se tivéssemos teatros em que o cenário mudasse todas as vezes que o lugar da cena deve mudar!

EU – E que grande vantagem o senhor vê nisso?

DORVAL – O espectador seguiria sem dificuldade o movimento da peça; a representação se tornaria mais variada, mais interessante e mais clara. O cenário não pode mudar sem que o palco fique vazio; o palco só pode ficar vazio ao fim de um ato. Assim, todas as vezes que dois incidentes fizessem mudar o cenário, eles ocorreriam em dois atos diferentes. Não voltaríamos a ver uma assembléia de senadores suceder uma assembléia de conjurados, a menos que a cena fosse suficientemente ampla para que pudéssemos ali distinguir espaços bem diferentes uns dos outros. Mas, em palcos[1] pequenos como os nossos, o que pensa um homem sensato quando ouve cortesãos, que sabem muito bem que as paredes têm ouvidos, conspirar contra o soberano no mesmo lugar onde ele acaba de os consultar sobre um assunto da maior importância: sobre a abdicação do Império?[2] Na medida em que os personagens permanecem, ele supõe, aparentemente, que é o lugar que se vai.

De resto, sobre essas convenções teatrais, penso o seguinte: aquele que ignorar a razão poética, ignorando também o fundamento da regra, não poderá nem abandoná-la nem seguila adequadamente. Terá por ela ou respeito ou desprezo em demasia, dois obstáculos opostos, mas igualmente perigosos. Um reduz a nada as observações e a experiência dos séculos passados e reconduz a arte à sua infância; o outro a paralisa simplesmente onde ela está e impede-a de avançar.

Foi nos aposentos de Rosali que conversei com ela[3], quando destruí em seu coração a inclinação condenável que eu lhe tinha inspirado e fiz renascer seu afeto por Clairville. Eu passeava

1. No original: "sur des petits théâtres tels que les nôtres… ". A palavra *théâtre*, no século XVIII, designa tanto o edifício teatral quanto o palco. A preposição *sur* (sobre) leva-nos, nesta ocorrência, a optar pelo termo palco.

2. Alusão à tragédia *Cinna*, de Corneille (Ato II, cena 2).

3. Ver Ato V, cena 3, p. 86-90.

com Constance nesta grande aléia, sob os velhos castanheiros que o senhor está vendo, quando me convenci de que ela era a única mulher que havia para mim neste mundo[4]; para mim! que estava decidido a convencê-la de que eu não era de forma alguma o esposo que lhe convinha. Ao primeiro sinal da chegada de meu pai, descemos, acorremos todos; e a última cena[5] se passou em muitos lugares diferentes, todos aqueles onde o bom velho parou, desde a porta de entrada até o salão. Eu vejo ainda todos esses lugares... Se concentrei toda a ação num único local foi porque o podia fazer sem prejudicar o desenvolvimento da peça e sem retirar verossimilhança aos acontecimentos.

EU – Está tudo muito bem. Mas, ao dispor dos lugares, do tempo e da ordem dos acontecimentos, o senhor não acabou tendo que imaginar situações que não se coadunam nem com nossos costumes nem com o temperamento do senhor?

DORVAL – Acho que não.

EU – Não queira me convencer de que realmente aconteceu entre o senhor e o seu criado a segunda cena do primeiro ato. Qual o quê! Quando o senhor lhe disse: "*Cavalos; minha caleça!*" ele não se mexeu? Ele não lhe obedeceu? Ele lhe passou um carão e o senhor o escutou sem reagir? O severo Dorval, esse homem reservado mesmo com seu amigo Clairville, conversou com familiaridade com seu criado Charles? Isso não é nem verossímil nem verdadeiro.

DORVAL – Tenho que concordar. O que pus na boca de Charles era mais ou menos o que eu dizia a mim mesmo; Charles é um bom criado, muito dedicado. Se necessário, ele faria por mim o mesmo que André fez por meu pai. Ele testemunhou tudo. Não vi inconveniente em colocá-lo na peça por alguns instantes. E ele ficou tão satisfeito!... Só porque são nossos criados eles não são mais seres humanos?... Se eles nos servem, há um outro a quem nós também servimos.

4. Idem, Ato IV, cena 3, p. 73-79.
5. Idem, Ato V, cena 5, p. 90-93.

EU – Mas e se o senhor escrevesse para o teatro?

DORVAL – Deixaria de lado essa minha moral e evitaria tornar importantes em cena seres que são insignificantes na sociedade. Os Davos[6] foram os pivôs da comédia antiga porque eles eram, realmente, o motor de todas as confusões domésticas. Mas que costumes devemos imitar, os nossos ou os de dois mil anos atrás? Nossos criados de comédia são sempre divertidos, prova segura de que são frios. Se o poeta os deixa na antecâmara, que é o lugar deles, a ação que se passa entre os personagens principais será mais interessante e mais forte. Molière, que sabia tirar excelente partido dos criados, excluiu-os do *Tartufo* e do *Misantropo*. Essas intrigas de criados e *soubrettes*[7], que cortam a ação principal, são um meio seguro de destruir o interesse. A ação teatral não se pode deter; e misturar duas intrigas significa suspender ora uma ora outra.

EU – Se eu ousasse, pediria piedade ao menos para as *soubrettes*. Acho que as jovens, sempre cerceadas em sua conduta e em seu discurso, não têm ninguém, a não ser essas mulheres, com quem abrir sua alma, a quem confiar sentimentos que as oprimem, e que os costumes, a conveniência, o medo e os preconceitos ali mantêm encerrados.

DORVAL – Então que elas permaneçam em cena até que nossa educação se aperfeiçoe e os pais e as mães sejam os confidentes de seus filhos... Que mais o senhor observou?

EU – A declaração de Constance... ?

DORVAL – E aí?

EU – Mulher nenhuma faz isso...

DORVAL – Certo. Mas suponha que uma mulher tenha a alma, a altivez e o caráter de Constance; que ela tenha sabido

6. Do latim *Davos* ou *Davus*: nome do criado astucioso nas comédias *Adriano* e *Hecyra*, de Terêncio, que Horácio adota como designação genérica na sua *Arte Poética*.

7. *Soubrette*: criada de comédia, caracterizada por sua esperteza e pela intimidade que toma com os patrões. O termo, de origem provençal, guarda a marca da palavra "sobrar", estar sempre onde não se é chamado.

escolher um homem de bem: e o senhor verá que ela confessará seus sentimentos espontaneamente. Constance me desconcertou... muito... Eu tive pena dela e respeitei-a ainda mais[8].

EU – Isso é realmente estranho! Seu interesse o levava para outro lado...

DORVAL – E lembre-se de que eu não me orgulhava disso.

EU – Nessa declaração há passagens pouco cuidadosas. As mulheres vão se encarregar de ridicularizar esse personagem...

DORVAL – Que mulheres, se me faz favor? Mulheres perdidas, que confessavam um sentimento vergonhoso todas as vezes que disseram: "eu te amo". Constance não é como elas; e seria realmente lamentável a sociedade em que não houvesse mulher alguma que a ela se assemelhasse.

EU – Mas esse tom é pouco habitual no teatro...

DORVAL – Deixe de lado os palcos; volte para o salão; e admita que as palavras de Constance não o incomodaram quando o senhor as ouviu ali.

EU – Não.

DORVAL – É o suficiente. Entretanto, é preciso dizer-lhe tudo. Quando a obra ficou pronta, mostrei-a a todos os personagens para que cada um acrescentasse ou suprimisse o que achasse necessário, retratando-se assim de forma ainda mais verdadeira. Mas aconteceu uma coisa que eu não esperava e que, contudo, é muito natural. É que eles, atendo-se mais à situação presente que ao passado, num dado ponto, suavizaram a expressão, em outro, atenuaram um sentimento; mais adiante, justificaram um incidente. Rosali quis parecer menos culpada aos olhos de Clairville; Clairville quis mostrar-se ainda mais apaixonado por Rosali; Constance quis demostrar ainda mais ternura pelo homem que é agora seu marido; e a verdade dos personagens sofreu em alguns trechos. A declaração de Constance é uma delas. E sei que as outras não escaparão ao refinamento do seu gosto.

8. Ver Ato I, cena 4, p. 36-39.

Essas palavras de Dorval me lisonjearam sobremaneira, ainda mais que ele não é de muitos elogios. Para responder à altura, assinalei um detalhe que, não fosse por isso, eu teria deixado de lado.

Eu – E o chá, na mesma cena?, disse a ele.

Dorval – Compreendo; não é um hábito daqui. Concordo: mas estive muito tempo na Holanda; convivi bastante com estrangeiros. Adquiri com eles esse costume; e foi a mim mesmo que retratei.

Eu – Mas no teatro!

Dorval – Não é lá, é no salão que minha obra deve ser julgada... No entanto, não salte nenhuma das passagens nas quais o senhor acredita que eu contrariei os usos do teatro... Terei prazer em examinar se sou eu que estou errado ou se são esses usos.

Enquanto Dorval falava, eu procurava as marcas que tinha feito a lápis à margem de seu manuscrito cada vez que encontrei algo a retificar. Achei uma dessas marcas perto do começo da segunda cena do segundo ato e disse-lhe:

Quando o senhor foi ver Rosali, cumprindo a promessa que havia feito a seu amigo, ou bem ela já sabia da sua partida ou então não sabia. No primeiro caso, por que não comentou nada com Justine? É natural que ela não deixe escapar uma única palavra a respeito de um acontecimento que a toma por inteiro? Ela chora, mas guarda as lágrimas para si. Sua dor é a dor de uma alma delicada que confessa a si própria sentimentos que não podia impedir que nascessem, mas que tampouco pode aprovar. – O senhor vai me dizer: "Ela ignorava a partida. Ficou espantada ao ouvir a notícia, como eu escrevi e como o senhor viu". – É verdade. Mas como é que ela podia ignorar o que todo mundo na casa já sabia?

Dorval – Era de manhã; eu estava com pressa de abandonar uma casa onde a minha presença causava tantos problemas, e queria me desincumbir daquela tarefa inesperada e cruel. Conversei com Rosali assim que amanheceu, nos aposentos dela. A cena mudou de lugar, sem nada perder da sua verdade. Rosali vivia retirada; ela não tinha esperança de esconder seus pensamentos secretos da perspicácia de Constance nem da paixão de Clairville, a não ser evitando a ambos; ela tinha acabado de descer e ainda não tinha visto ninguém quando entrou no salão.

EU – Mas por que anunciaram Clairville, enquanto o senhor estava conversando com Rosali?[9] Ninguém se faz anunciar em sua própria casa e isso cheira a um golpe teatral dos mais rematados.

DORVAL – Não; é o fato tal como aconteceu e como devia acontecer. Se o senhor vê nisso um golpe de teatro, melhor; mas ele apareceu lá por conta própria.

Clairville sabe que estou com a noiva dele; não é natural que entre e interrompa uma conversa que ele próprio queria que acontecesse. No entanto, ele não consegue resistir à impaciência de saber o resultado. Manda me chamar. O senhor teria agido de outro modo?

Aqui Dorval parou um momento; em seguida disse: "A mim agradaria bem mais ter quadros[10] em cena, onde eles são tão raros, e onde produziriam um efeito tão agradável e tão garantido do que ter esses golpes teatrais introduzidos de modo tão forçado e baseados em tantas suposições estranhas que, para cada combinação de acontecimentos bem-sucedida e natural, há mil outras que desagradam a um homem de bom gosto".

EU – Mas que diferença o senhor vê entre um golpe teatral e um quadro?

DORVAL – Seria melhor dar-lhe exemplos que definições. O segundo ato da peça se abre por um quadro e termina com um golpe teatral.

9. Ver Ato II, fim da cena 2, p. 47.

10. *Tableaux*, no original. A formulação do conceito de quadro cênico é uma das mais importantes contribuições de Diderot à reflexão sobre teatro em sua época.

EU – Compreendo. Um incidente imprevisto na ação e que muda subitamente a situação dos personagens é um golpe teatral. Uma disposição desses personagens em cena, tão natural e verdadeira que seria capaz de me agradar se reproduzida fielmente por um pintor, numa tela, é um quadro.

DORVAL – Mais ou menos.

EU – Eu poderia apostar que, na quarta cena do segundo ato, não há uma só palavra que não seja verdadeira. No salão, ela me afligiu e tive infinito prazer ao lê-la. Que belo quadro, porque parece-me que é um quadro, o do infeliz Clairville, atirado nos braços de seu amigo, como no único refúgio que lhe resta...

DORVAL – O senhor está pensando no sofrimento dele, mas se esquece do meu. Que momento cruel para mim!

EU – Eu sei, eu sei. Lembro-me que, enquanto ele dava vazão a suas queixas e à sua dor, o senhor derramava lágrimas sobre ele. Não são circunstâncias fáceis de esquecer.

DORVAL – Admita que esse quadro não poderia ter acontecido no palco; que os dois amigos não teriam ousado olhar-se nos olhos, voltar as costas ao espectador, aproximar-se; separar-se; reaproximar-se; e que toda a ação deles teria sido muito calculada, muito rígida, muito afetada e muito fria.

EU – Acredito.

DORVAL – Será possível que não se perceba que o efeito do infortúnio é aproximar os homens e que é ridículo, sobretudo nos momentos de tumulto, quando as paixões são levadas ao excesso e quando a ação é mais agitada, ficar em círculo, separados, a uma certa distância uns dos outros e numa ordem simétrica?

A ação teatral deve ser, realmente, ainda muito imperfeita, já que não se vê em cena quase nenhuma situação com a qual fosse possível fazer uma composição tolerável em pintura. O quê? a verdade é menos essencial na cena que na tela? Será que é uma regra termos que nos afastar da coisa na mesma medida em que a arte dela mais se aproxima, e colocar menos verossimilhança numa cena viva, onde os próprios homens agem, que numa cena colorida, onde só se vêem, por assim dizer, as suas sombras?

Penso, por minha parte, que se uma obra dramática fosse bem construída e bem representada, a cena ofereceria ao espectador tantos quadros reais quantos momentos favoráveis ao pintor houvesse na ação.

Eu – Mas o decoro! O decoro!

Dorval – Só ouço repetirem essa palavra. A amante de Barnevelt [*sic*][11] entra desgrenhada na prisão onde ele está[12]. Os dois amigos se abraçam e caem por terra[13]. Filoteto, outrora, contorcia-se na entrada de sua caverna. Ali fazia ressoarem os gritos inarticulados da dor[14]. Esses gritos formavam um verso curto, mas que dilacerava as entranhas do espectador. Será que temos mais delicadeza e mais gênio que os atenienses?... Qual o quê! O que poderia ser considerado excessivamente violento na ação da mãe cuja filha é imolada? Ela pode correr em cena como uma mulher furiosa ou perturbada; pode encher de gritos seu palácio; deixar transparecer a desordem em suas vestes – tudo isso condiz com seu desespero. Se a mãe de Ifigênia se mostrasse, por um momento que fosse, rainha de Argos e mulher do general dos gregos, ela me pareceria a última das criaturas. A verdadeira dignidade, a que me toca e perturba, é o quadro do amor materno em toda a sua verdade.

11. A cortesã Millwood, de *O Mercador de Londres* ou *A História de George Barnwell*, do autor inglês George Lillo. Considerada a primeira tragédia burguesa, estreou em 1731 e foi traduzida para o francês em 1748. Trata da história da cortesã Millwood, que incita seu amante Barnwell ao crime e depois o denuncia quando se vê comprometida.

12. *O Mercador de Londres*, Ato v, cena 11. Na verdade, a cena se passa no lugar do suplício de Barnwell.

13. Idem, Ato v, cena 5: alusão ao momento em que Barnwell, arrependido dos crimes que praticou, é consolado por seu amigo Trueman, que o visita na prisão.

14. *Filoteto*, de Sófocles, v. 745-746.

Folheando o manuscrito, vi um pequeno risco a lápis que eu tinha saltado. Estava no trecho da segunda cena do segundo ato, quando Rosali diz daquele que a havia seduzido que ela *acreditava reconhecer nele a verdade de todas as quimeras de perfeição que havia imaginado*. Essa reflexão me pareceu um pouco excessiva para uma mocinha; e *as quimeras de perfeição* me pareciam fugir a seu tom ingênuo. Fiz essa observação a Dorval. Como resposta, ele apenas me remeteu ao manuscrito. Eu o examinei com atenção e vi que essas palavras tinham sido acrescentadas posteriormente, com a letra de Rosali; passei então a outro assunto.

EU – O senhor não aprecia os golpes teatrais? disse-lhe eu.

DORVAL – Não.

EU – Mas aqui está um[15], e dos mais bem urdidos.

DORVAL – Sei; eu mesmo o citei na nossa conversa.

EU – É a base da sua trama.

DORVAL – Admito.

EU – E não é uma coisa ruim?

DORVAL – Sem dúvida.

EU – Então por que o senhor o usou?

DORVAL – É que não é uma ficção, mas um fato. Em benefício da obra, seria desejável que as coisas se tivessem passado de modo completamente diferente.

EU – Rosali declara sua paixão pelo senhor. Fica sabendo que é correspondida. Não espera nem ousa mais revê-lo. Escreve-lhe.

DORVAL – Natural.

EU – O senhor lhe responde.

DORVAL – Era necessário.

EU – Clairville prometeu à irmã que o senhor não iria embora sem falar com ela. Ela o ama. Ela diz isso ao senhor. O senhor conhece os sentimentos dela.

DORVAL – Ela deve procurar conhecer os meus.

15. Ver Ato II, cenas 7, 8 e 9, p. 51-52.

EU – O irmão dela vai encontrá-la em casa de uma amiga, aonde a levaram alguns rumores desagradáveis que corriam a respeito da fortuna de Rosali e a volta de seu pai. Já se sabia da partida do senhor. Todos estavam surpresos. Acusam-no de ter feito com que a irmã de Clairville se apaixonasse pelo senhor e de o senhor ter se apaixonado pela noiva dele.

DORVAL – É verdade.

EU – Mas Clairville não acredita de modo algum. Ele o defende com ardor. Sobrevém um duelo. Chamam o senhor em socorro dele no momento em que o senhor estava respondendo à carta de Rosali. A resposta fica sobre a mesa.

DORVAL – Acho que o senhor teria feito a mesma coisa.

EU – O senhor corre em socorro de seu amigo. Constance chega. Pensa que está sendo esperada. Vê-se abandonada. Não compreende tal comportamento. Encontra a carta que o senhor estava escrevendo para Rosali. Lê e pensa que se dirige a ela, Constance.

DORVAL – Qualquer pessoa teria se enganado.

EU – Claro; ela não suspeita da sua paixão por Rosali, nem da paixão de Rosali pelo senhor; a carta responde a uma declaração e ela havia feito uma declaração.

DORVAL – Acrescente que Constance soube por seu irmão do segredo do meu nascimento e que a carta é de um homem que acredita que estaria traindo Clairville, caso aspirasse à pessoa por quem está apaixonado. Assim, Constance acredita ser amada, e não havia por que não acreditar; e daí se originam todas as confusões em que o senhor me viu envolvido.

EU – Que reparos o senhor faria a isso? Não há nada de falso aí.

DORVAL – Nem nada que seja suficientemente verossímil. O senhor não percebe que são necessários séculos para combinar um número tão grande de circunstâncias? Os artistas podem orgulhar-se o quanto quiserem do talento de armar semelhantes encontros. Eu reconhecerei neles a invenção, mas não o verdadeiro gosto. Quanto mais simples é o desenrolar de uma peça, mais bela eu a considero. Um poeta[16] que tivesse imaginado esse golpe teatral e a situação do quinto ato[17], quando, aproximando-me de Rosali, mostro-lhe Clairville ao fundo do salão, num canapé, na postura de um homem desesperado, teria muito pouco senso se preferisse o golpe teatral ao quadro. Um é quase pueril; o outro é um rasgo de gênio. Falo sem parcialidade alguma. Não fui eu que inventei nem um nem outro. O golpe teatral é um fato; o quadro é uma circunstância feliz que o acaso fez surgir e da qual eu soube tirar proveito.

Eu – Mas quando o senhor soube do equívoco de Constance, por que não avisou a Rosali? O expediente era simples e resolvia tudo.

Dorval – Oh! Mas aí o senhor está bem longe do teatro; e examina a minha obra com uma severidade tal que peça alguma, das que eu conheço, resistiria. O senhor me faça o obséquio de citar ao menos uma que chegasse até o terceiro ato, se cada um fizesse ali rigorosamente o que deveria fazer. Mas essa resposta, que seria boa para um artista, não é boa para mim. Trata-se aqui de um fato e não de uma ficção. Não é a um autor que o senhor pede explicações a respeito de um episódio; é a Dorval que o senhor pede contas de sua conduta.

Eu não revelei a Rosali nem o erro de Constance nem o seu próprio erro porque isso convinha aos meus objetivos. Decidido a tudo sacrificar à honestidade, via esse contratempo que me separava de Rosali como um acontecimento que me afastava do perigo. Eu não queria de modo algum que Rosali formasse uma opinião falsa acerca do meu caráter; mas ainda mais importante era não faltar ao que prometera a mim próprio e a meu amigo. Sofria ao enganá-lo, ao enganar Constance, mas era necessário fazê-lo.

16. O termo "poeta" designa, no século XVIII, os escritores das diferentes áreas das belas letras. Só com a progressiva autonomia conquistada pelos diferentes domínios da escrita, o termo genérico cede lugar a denominações específicas para cada forma de criação.

17. Ver Ato V, cena 3, p. 86-90.

Eu – Percebo. Para quem o senhor escreveria, senão para Constance?

Dorval – Aliás, passou-se tão pouco tempo entre esse momento e a chegada de meu pai; e Rosali vivia tão isolada! Não era o caso de escrever para ela. Era muito pouco provável que consentisse em receber minha carta; e é claro que uma carta que a tivesse convencido da minha inocência, sem lhe abrir os olhos sobre o erro dos nossos sentimentos, só teria feito aumentar o mal.

Eu – No entanto, o senhor ouve da boca de Clairville mil palavras que o dilaceram[18]. Constance dá a ele a sua carta[19]. Não é suficiente esconder a real inclinação que o senhor sente; é preciso, além disso, simular outra, que o senhor não sente. Seu casamento com Constance é decidido sem que o senhor possa se opor a ele. Anunciam a boa nova a Rosali, sem que o senhor possa negar. Ela desfalece diante do senhor, e o noivo dela, tratado com uma dureza inacreditável, cai num estado muito próximo do desespero[20].

Dorval – É a pura verdade, mas o que é que eu podia fazer?

Eu – A propósito dessa cena de desespero, ela é singular. No salão, fiquei profundamente comovido. Imagine qual não foi a minha surpresa ao lê-la e encontrar apenas gestos, e não palavras.

Dorval – Ouça uma historinha que eu não lhe contaria se atribuísse algum mérito à minha obra e se me orgulhasse muito de a ter escrito. É que, chegando a essa parte de nossa história e da peça, e encontrando em mim apenas uma impressão profunda, sem a menor idéia das palavras a serem ditas, lembrei-me de algumas cenas de peças de teatro, a partir das quais fiz de Clairville um desesperado muito falante. Mas ele, passando os olhos por seu papel, me diz: *Meu irmão, isso não vale nada. Não há uma única palavra verdadeira*

18. Idem, Ato III, cena 1, p. 53-55.
19. Idem, Ato III, cena 2, p. 55-56.
20. Idem, Ato III, cena 4, p. 58.

em toda essa retórica. – Eu sei. Mas veja e tente fazer melhor. – *Sem a menor dificuldade. Basta colocar-se novamente naquela situação e escutar a si mesmo.* Aparentemente, foi o que ele fez. No dia seguinte, ele me trouxe a cena que o senhor viu, tal e qual, palavra por palavra. Eu a li e reli várias vezes. Reconheci nela o tom da natureza; e amanhã, se o senhor quiser, eu lhe contarei algumas das reflexões que ela me sugeriu a propósito das paixões, de sua inflexão[21], da declamação e da pantomima. Agora eu o acompanharei até a colina que fica a meio caminho entre a sua e a minha casa; e ali decidiremos o lugar de nosso próximo encontro.

No caminho, Dorval observava os fenômenos da natureza que acompanham o pôr do sol; e dizia: "Veja como as sombras particulares se enfraquecem à medida que a sombra universal se fortalece... Essas largas faixas de púrpura nos prometem um dia bonito... E olhe a região do céu oposta ao sol poente, que começa a se tingir de violeta... Não se ouve nada no bosque além de alguns pássaros cujo canto tardio alegra ainda o crepúsculo... O rumor das águas que correm, que começa a se separar do ruído geral, anuncia que os trabalhos cessaram em muitos lugares, e que está ficando tarde".

Nesse meio tempo, chegamos ao sopé da colina. Marcamos para ali o lugar do nosso encontro e separamo-nos.

21. No original, *accent*: acento, inflexão da voz na pronúncia das palavras, tom da voz. Na maior parte das ocorrências, traduzimos *accent* por *inflexão*, algumas vezes, porém, preferimos utilizar *tom*.

SEGUNDA CONVERSA

No dia seguinte, fui até o sopé da colina. O lugar era solitário e selvagem. Havia em perspectiva algumas casas espalhadas pela planície; um pouco além, uma cadeia de montanhas desiguais e recortadas que arrematavam, em parte, o horizonte. Estávamos à sombra dos carvalhos e escutávamos o ruído surdo de uma água subterrânea que corria nas redondezas. Era a estação em que a terra está coberta dos bens que ela concede ao trabalho e ao suor dos homens. Dorval foi o primeiro a chegar. Aproximei-me dele sem que ele percebesse. Ele estava entregue ao espetáculo da natureza. Seu peito se elevava, ele respirava forte. Seus olhos atentos passeavam sobre todos os objetos. Eu seguia em seu rosto as diversas impressões que ele experimentava; e começava a partilhar seu arrebatamento quando gritei, quase involuntariamente: "Ele está sob o encantamento".

Ele me ouviu e respondeu com uma voz alterada: "É verdade. É aqui que se vê a natureza. Esta é a morada sagrada do entusiasmo[1]. Um homem é dotado de gênio? Ele deixa a cidade e seus habitantes. Segundo o pendor de seu coração, agrada-lhe misturar suas lágrimas ao cristal de uma fonte; levar flores a uma sepultura; caminhar suavemente na relva macia do prado; atravessar, a passo lento, os férteis campos; contemplar os trabalhos dos homens; fugir para o fundo dos bosques. Ele ama seu horror secreto. Ele perambula. Busca um antro que o inspire. Quem é que mistura sua voz à torrente que despenca da montanha? Quem é que sente o que há de sublime num lugar ermo? Quem é que escuta a si mesmo no silêncio da solidão? Ele. Nosso poeta vive às margens de um lago. Passeia a vista sobre as águas e seu gênio se espraia. É ali que ele é tomado por este espírito ora sereno, ora violento, que agita sua alma ou que a tranqüiliza a seu bel-prazer… Ó Natureza, tudo o que há de bom está encerrado em teu seio! Tu és a fonte fecunda de todas as verdades!… Neste mundo só a virtude e a verdade são dignas de me ocupar… O entusiasmo nasce de um objeto da natureza. Se o espírito o viu sob aspectos tocantes e diversos, está pleno dele, agitado, atormentado. A imaginação se aquece. A paixão se exalta. Passa-se sucessivamente do espanto ao enternecimento, à indignação, à zanga. Sem o entusiasmo, ou a idéia verdadeira não se apresenta ou se, por acaso, é encontrada, não se consegue segui-la… O poeta sente o momento do entusiasmo. É depois que ele medita. O entusiasmo se anuncia nele por um frêmito que parte de seu peito e se propaga, de um modo delicioso e rápido, até as extremidades de seu corpo. Em pouco tempo, já não é mais um frêmito; é um calor intenso e permanente que o abrasa, que o faz ofegar, que o consome e o mata; mas que atribui alma, vida a tudo o que ele toca. Se esse calor se intensificasse ainda mais, os espectros se multiplicariam diante dele. Sua paixão se alçaria quase até o nível do furor. Seu único alívio

1. Exaltação inspirada; o entusiasmo, atributo do gênio, será um conceito chave para o romantismo.

seria dar vazão a uma torrente de idéias que se comprimem, se chocam e se perseguem.

Dorval experimentava naquele instante o estado que estava descrevendo. Nada lhe respondi. Fez-se um silêncio durante o qual vi que ele ia aos poucos se tranqüilizando. Logo me perguntou, como alguém que despertasse de um sono profundo: "O que foi que eu disse? O que é que eu tinha para lhe dizer? Já não lembro".

Eu – Algumas idéias que a cena de Clairville desesperado havia sugerido ao senhor a propósito das paixões, de sua inflexão, da declamação, da pantomima.

Dorval – A primeira delas é que não se deve fazer personagens espirituosos, mas colocá-los em circunstâncias que os tornem espirituosos...

Dorval sentiu, pela rapidez com que acabava de pronunciar essas palavras, que a agitação ainda persistia em sua alma: parou e, para recobrar a calma, ou antes, para opor à sua perturbação uma emoção mais violenta, porém passageira, contou-me o seguinte:

"Uma camponesa do vilarejo que o senhor vê entre essas duas montanhas, e cujos telhados se elevam acima das árvores, enviou o marido à casa dos pais dela, que moram numa aldeia vizinha. Lá, esse pobre coitado foi morto por um de seus cunhados. No dia seguinte, fui à casa em que o acidente tinha acontecido. Ali vi um quadro e ouvi palavras que nunca mais esqueci. O morto estava estendido sobre uma cama. Suas pernas nuas pendiam. A mulher, desgrenhada, estava no chão. Segurava os pés do marido e dizia, aos prantos, numa atitude que afligia a todos: 'Ai! Quando eu te mandei aqui, não pensava que estes pés te conduziam à morte'. O senhor acredita que uma mulher de outra posição social teria sido mais patética? Não. A mesma situação lhe teria inspirado as mesmas palavras. Sua alma teria sido a daquele momento; e o que é preciso que o artista encontre é o que todo mundo diria num caso como esse; o que ninguém poderá ouvir sem imediatamente reconhecer em si mesmo.

Os grandes interesses, as grandes paixões. Eis a fonte dos grandes discursos, dos discursos verdadeiros. Quase todos os homens falam bem ao morrer.

O que eu amo na cena de Clairville é que só há ali o que a paixão inspira, quando ela é extremada. A paixão se apega a uma idéia principal. Ela se cala e volta a essa idéia, quase sempre por exclamações.

A pantomima, tão negligenciada entre nós, é empregada nessa cena; e o senhor viu por si mesmo com que êxito!

Falamos demais em nossos dramas, e, conseqüentemente, nossos atores não atuam o suficiente. Perdemos uma arte, cujos recursos os Antigos conheciam bem. O pantomimo representava outrora todas as condições sociais: os reis, os heróis, os tiranos, os ricos, os pobres, os habitantes das cidades, os do campo, escolhendo de cada categoria o que lhe é característico; em cada ação, o que ela tem de tocante. O filósofo Timócrates, que assistia um dia a esse espetáculo, do qual a severidade de seu temperamento o havia sempre afastado, dizia: *Quali spectaculo me philosophiae verecundia privavit!*[2] Timócrates tinha uma vergonha descabida; e ela privou o filósofo de um grande prazer. Ao atribuir, na presença de um mimo, todo o efeito do espetáculo aos instrumentos, às vozes e ao cenário, o cínico Demétrio[3] ouviu como resposta: "Veja-me atuar sozinho; e diga depois, o que quiser de minha arte". As flautas silenciam. O mimo atua e o filósofo, num

2. Timócrates: filósofo grego do século I a. C. "De que espetáculo o respeito pela filosofia me privou!" Referido por Luciano em *Sobre a Dança*, cuja tradução latina Diderot cita. Além de pertencer à escola dos filósofos cínicos, Timócrates tinha grande interesse pelo estoicismo. Foi professor em Roma ao tempo de Calígula, Nero e Vespasiano. Em 66 d. C. foi exilado para a Grécia devido a suas opiniões antimonárquicas. Voltou, no entanto, a Roma durante o reinado de Vespasiano. Ficou conhecido pela austeridade e pela franqueza no falar, mais que por um pensamento original.

3. Demétrio foi contemporâneo de Nero, e Sêneca o elogia em diversas passagens. Diderot tomou conhecimento dessa anedota também no tratado de Luciano *Sobre a Dança*.

arroubo, grita: "Não te vejo apenas; eu te ouço. Tu me falas com as mãos".

Que efeito essa arte, acrescentada ao discurso, não produziria? Por que separamos o que a natureza uniu? A todo momento o gesto não corresponde ao discurso? Eu nunca senti isso com tanta clareza como enquanto estava escrevendo esta peça. Eu procurava o que havia dito, o que me tinham respondido; e, ao encontrar apenas movimentos, escrevia o nome do personagem e, abaixo, sua ação. Digo a Rosali, Ato II, cena 2: "*Se tivesse acontecido... que seu coração, apanhado de surpresa... tivesse sido arrastado por uma inclinação... que sua razão encarasse como um crime... Eu passei por esse estado cruel!... Como eu teria pena da senhorita!*" Ela me responde: "*Pois então tenha pena de mim*". Eu manifesto a minha pena, mas por um gesto de comiseração; e não penso que um homem de sentimento tivesse feito coisa diferente. Mas em quantas outras circunstâncias o silêncio é obrigatório? Seu conselho pode expor aquele que o segue a perder a vida; ou a perder a honra, caso não o siga? O senhor não será nem cruel nem vil. Denotará sua perplexidade por meio do gesto, e deixará o homem se decidir.

O que eu vi ainda nessa cena é que há passagens que seria preciso praticamente deixar a cargo do ator. Fica a seu critério dispor da cena escrita, repetir certas palavras, retomar certas idéias, cortar algumas, acrescentar outras. Nos cantábiles, o músico deixa a um grande cantor o livre exercício de seu gosto e de seu talento: contenta-se em marcar os intervalos principais de um belo canto. O poeta deveria fazer o mesmo, quando conhece bem o seu ator. O que é que nos afeta no espetáculo do homem tomado por alguma grande paixão? São suas palavras? Às vezes. Mas o que sempre comove são gritos, palavras inarticuladas, vozes embargadas, alguns monossílabos que escapam a intervalos, um murmúrio qualquer travado na garganta, entredentes. Quando a violência do sentimento corta a respiração e semeia a perturbação no espírito, as sílabas das palavras se separam, o homem passa de uma idéia a outra;

começa uma porção de frases, não conclui nenhuma; e, com exceção de alguns sentimentos que expressa no primeiro acesso e aos quais volta incessantemente, o resto é apenas uma seqüência de ruídos fracos e confusos, de sons evanescentes, de inflexões abafadas que o ator conhece melhor que o poeta. A voz, o tom, o gesto, a ação, isso é o que pertence ao ator; e é o que nos comove, sobretudo no espetáculo das grandes paixões. É o ator que atribui energia às palavras. É ele quem conduz aos ouvidos a força e a verdade da inflexão[4].

EU – Pensei algumas vezes que as palavras das pessoas muito apaixonadas não eram coisas para ler, mas para ouvir. Porque, dizia comigo mesmo, não é a expressão "eu te amo" que triunfa sobre a severidade de uma puritana, sobre os projetos de uma coquete, sobre a virtude de uma mulher sensível: é o tremor na voz com o qual aquelas palavras foram pronunciadas; as lágrimas, os olhares que as acompanharam. Essa idéia vem ao encontro da sua.

DORVAL – É idêntica. Um gorjeio que se opõe a essas verdadeiras vozes da paixão é o que chamamos de *tiradas*. Nada é mais aplaudido e nada as ultrapassa em matéria de mau gosto. Em uma representação dramática, não é do espectador que se trata: é como se ele não existisse. Há algo que se dirige a ele? O autor abandonou seu tema. O ator foi arrastado para fora do seu papel. Descem ambos do palco. Vejo-os na platéia; e enquanto dura a tirada, a ação fica suspensa para mim e o palco permanece vazio.

Há, na composição de uma peça dramática, uma unidade de discurso que corresponde a uma unidade de tom na declamação. São dois sistemas que variam, não digo da comédia para a tragédia, mas de uma comédia ou de uma tragédia para outra. Se não fosse assim, haveria um defeito ou no poema ou na representação. Os personagens não teriam entre si a ligação, a conveniência à qual devem estar submetidos, mesmo nos

4. Este trecho retoma Cícero (*De oratore*, III, 5) e Quintiliano (*De institutione oratoria*, XI, 3-4).

contrastes. Seriam sentidas, na declamação, dissonâncias que feririam. Seria reconhecido no poema um ser não adaptado à sociedade na qual o teriam introduzido.

Cabe ao ator sentir esta unidade de tom. Esse é o trabalho de toda a sua vida. Se lhe falta esse tino, sua atuação será ora fraca, ora exagerada, raramente precisa; boa em certas passagens, ruim no conjunto.

Se a sanha de ser aplaudido se apossa de um ator, ele exagera. O erro de sua ação contamina a ação de outro ator. Não há mais unidade na declamação de seu papel. Não há mais unidade na declamação da peça. Em breve, nada mais vejo em cena além de uma tumultuosa assembléia na qual cada um assume o tom que lhe agrada; o tédio se apodera de mim; minhas mãos tapam meus ouvidos e eu fujo dali.

Eu gostaria muito de falar-lhe do tom apropriado a cada uma das paixões. Mas esse tom se modifica de muitas maneiras; é um assunto tão fugidio e delicado que não conheço nenhum que faça sentir mais intensamente a pobreza de todas as línguas que existem e das que já existiram. A pessoa tem uma idéia correta da coisa; ela está presente na memória. Procura-se a expressão? Não se consegue encontrar. Combinam-se os termos grave e agudo; rápido e lento; suave e forte; mas a rede, sempre frouxa demais, nada retém. Quem poderia descrever a declamação destes dois versos:

"Puderam quantas vezes olhar-se, procurar-se
No fundo do bosque os viu alguém dissimular-se?"[5]

É uma mescla de curiosidade, inquietude, dor, amor e vergonha, que o pior quadro pintaria melhor que o melhor dos discursos.

EU – É uma razão a mais para escrever a pantomima.

DORVAL – Sem dúvida, a entonação e o gesto se determinam reciprocamente.

5. Racine, *Fedra*, Ato IV, cena 6, v. 1235-1236. Utilizamos a tradução de Jenny Klabin Segall. Em J. Racine, *Três Tragédias*, Rio de Janeiro: Ediouro, s.d., p. 48.

EU – Mas a entonação não pode ser codificada, e é fácil escrever o gesto.

Aqui Dorval fez uma pausa. Em seguida disse:

"Felizmente uma atriz de discernimento limitado, de uma perspicácia comum, mas dona de grande sensibilidade, apreende sem esforço um estado d'alma e encontra, sem pensar, o tom que convém aos muitos sentimentos diferentes que se fundem constituindo esse estado e que toda a sagacidade do filósofo seria incapaz de analisar.

Os poetas, os atores, os músicos, os pintores, os cantores de primeira linha, os grandes dançarinos, os ternos amantes, os verdadeiros devotos, todo esse grupo entusiasta e apaixonado sente vivamente e reflete pouco.

Não é o preceito; é algo de mais imediato, mais íntimo, mais obscuro e mais certo que os guia e ilumina. Não encontro palavras para lhe dizer a alta consideração que tenho por um grande ator, uma grande atriz. Como eu teria orgulho de um talento como esse, caso eu o possuísse! Isolado sobre a face da terra, senhor de meu destino, livre de preconceitos, quis outrora ser ator; e se me assegurassem o êxito de Quinault-Dufresne[6], eu o seguiria amanhã mesmo. No teatro, só a mediocridade desgosta; e, seja em que profissão for, só os maus costumes desonram. Abaixo de Racine e de Corneille, na minha opinião, está Baron[7], está a Desmares[8], está a de Seine[9].

6. Abraham Quinault-Dufresne (1695-1767) estreou em 1712 como Orestes na *Electra*, de Crébillon, e notabilizou-se por sua atuação como Édipo na tragédia de Voltaire.

7. Baron (1652-1729) foi aluno de Molière e acreditava ser seu sucessor. Abandonou o teatro em 1691, voltando em 1720.

8. Christine Desmares (1682-1753) era sobrinha da atriz Champmeslé (que foi amante de Racine e protagonista de suas tragédias). Mlle Desmares estreou em 1699 e aposentou-se em 1721.

9. Catherine Dupré, conhecida como Mlle. de la Seine (1706-1759), esposa de Quinault-Dufresne, estreou em 1724. Sua saúde frágil fez com que se aposentasse em 1732.

Abaixo de Molière e de Regnard[10], estão Quinault, o velho, e sua irmã[11].

Eu ficava triste quando ia ao espetáculo e comparava a utilidade dos teatros com o pouco cuidado que se tem ao constituir as trupes. Então eu exclamava: 'Ah! meus amigos, se fôssemos para Lampedusa* fundar, bem longe da terra, no meio das ondas do mar, um pequeno povo feliz! eles serão nossos predicadores; e nós os escolheremos, sem dúvida, segundo a importância de seu ministério. Todos os povos têm os seus sabás, e nós teremos também os nossos. Nesses dias solenes, será representada uma bela tragédia, que ensine os homens a temerem as paixões; e uma boa comédia, que os instrua acerca de seus deveres e que lhes inspire o gosto por eles'."

10. Jean-François Regnard (1655-1709), dramaturgo que escreveu tanto para a Comédie-Française quanto para o Théâtre Italien. Autor de *Le Joueur* (1696) e de *Le Légataire universel* (1708).

11. Jeanne Françoise Quinault-Dufresne (1701-1783), irmã de Quinault-Dufresne, estreou em 1718 no papel de Fedra, dedicando-se depois, no entanto, aos papéis de *soubrette*.

De todos esses atores, Diderot só assistiu ao trabalho dos irmãos Quinault-Dufresne, que deixaram, juntos, a Comédie-Française, em 1741.

* A Lampedusa é uma pequena ilha deserta do mar da África, situada quase a igual distância da costa de Túnis e da ilha de Malta. A pesca ali é excelente. A ilha é coberta de oliveiras selvagens. O terreno deve ser fértil. O trigo e a vinha aí vingariam. No entanto, sua população se reduzia a um marabu [religioso muçulmano de vida ascética e contemplativa] e a um mau padre. O marabu, que tinha raptado a filha do bei [governador de província muçulmana] de Alger, ali tinha se refugiado com sua amada e ambos realizavam a obra de sua salvação. O padre, chamado irmão Clemente, passou dez anos na Lampedusa e ainda morava ali, até pouco tempo atrás. Ele criava animais; cultivava a terra. Guardava suas provisões num subterrâneo; e ia vender o que sobrava nas praias vizinhas, onde se entregava aos prazeres, até seu dinheiro acabar. Há na ilha uma igrejinha, dividida em duas capelas, que os maometanos veneram como o local da sepultura do santo marabu e de sua amada. O irmão Clemente tinha consagrado uma a Maomé e outra à santa Virgem. Quando via aproximar-se um barco cristão, acendia a lâmpada da Virgem. Se o barco fosse maometano, rapidamente apagava a lâmpada da Virgem e acendia a de Maomé. (N. do A.)

Eu – Dorval, espero que não se veja ali o feio representar o papel do belo.

Dorval – Por que não? Ora! será que já não há, numa obra dramática, um número suficiente de suposições estranhas às quais sou obrigado a curvar-me para que eu precise afastar ainda mais a ilusão com suposições que contradizem e chocam meus sentidos?

Eu – Para dizer a verdade, algumas vezes senti falta das máscaras dos Antigos; e teria, acho, suportado mais pacientemente os elogios feitos a uma bela máscara do que a um rosto muito feio.

Dorval – E o contraste entre os costumes da peça e os costumes da pessoa não o chocou também?

Eu – Algumas vezes o espectador não se pôde impedir de rir disso, e a atriz de enrubescer pelo mesmo motivo.

Dorval – Não, não conheço profissão que exija formas mais refinadas nem costumes mais honestos que o teatro.

Eu – Mas nossos estúpidos preconceitos não nos permitem ser muito exigentes.

Dorval – Mas nós nos afastamos muito de minha peça. Onde estávamos mesmo?

Eu – Na cena de André[12].

Dorval – Peço-lhe complacência para essa cena. Gosto muito dessa cena porque é de uma imparcialidade totalmente honesta e cruel.

Eu – Mas interrompe o andamento da peça e afeta o interesse.

Dorval – Eu nunca a lerei sem prazer. Possam nossos inimigos conhecê-la, dar-lhe crédito e nunca a relerem sem tristeza! Como eu ficaria feliz se a oportunidade de pintar uma desgraça doméstica também servisse para eu revidar a ofensa de um povo invejoso, de forma que minha nação pudesse ali

12. Ver Ato III, cena 7, p. 60-65.

reconhecer-se, e que não deixasse à nação inimiga sequer a liberdade de com isso se ofender[13].

EU – A cena é patética, mas longa.

DORVAL – Ela teria sido ainda mais patética e mais longa se eu tivesse dado ouvidos a André. – Senhor, disse-me ele depois de tê-la lido, está tudo muito bem, mas há um pequeno problema: é que isso não respeita totalmente a verdade. O senhor diz, por exemplo, que, chegando ao porto inimigo, quando me separaram de meu amo, eu o chamei várias vezes *meu amo, meu amo querido*: que ele me olhou fixamente, deixou cair os braços, voltou-se e, sem nada dizer, seguiu os que o cercavam.

Mas não foi bem isso. Era preciso dizer que, quando eu chamei *meu amo, meu amo querido*, ele me ouviu, voltou-se, olhou-me fixamente; suas mãos espontaneamente procuraram seus bolsos; e que, nada ali encontrando, porque os gananciosos ingleses o haviam despojado de tudo, deixou cair tristemente os braços; sua cabeça se inclinou na minha direção com um movimento de fria compaixão; ele se voltou e, sem nada dizer, seguiu aqueles que o cercavam. Assim se deu o fato.

Mais adiante, o senhor decidiu omitir uma das coisas que caracterizam melhor a bondade do falecido senhor seu pai; isso não está direito. Na prisão, quando ele sentiu seus braços nus molhados pelas minhas lágrimas, disse-me: 'Você está chorando, André! Perdoe-me, meu amigo: fui eu que o arrastei a isso: eu sei. Você se desgraçou por minha causa... ' O senhor mesmo está chorando! Isso não merecia ser incluído?

Num outro trecho, o senhor faz ainda pior. Quando ele me disse: 'Meu filho, coragem, você vai sair daqui: quanto a mim, estou me sentindo tão fraco que nada me resta senão morrer', eu me entreguei à dor e as paredes do calabouço ecoaram os meus gritos. Então seu pai me disse: 'André, pare de se la-

13. Alusão ao modo pelo qual Lysimond e André foram tratados na Inglaterra durante o período em que lá estiveram presos.

mentar, respeite a vontade do céu e o sofrimento dos que estão a seu lado e sofrem em silêncio'. E onde está isso?

E o trecho do correspondente? O senhor fez de um jeito tão confuso que eu não entendo mais nada daquilo. Seu pai me disse, como o senhor colocou, que aquele homem tinha tomado providências e que minha presença junto dele era o primeiro de seus muitos favores. Mas ele acrescentou: 'Oh! meu filho, ainda que Deus me tivesse concedido como único consolo o fato de ter você a meu lado nesses momentos cruéis, isso já seria motivo para Lhe dar infinitas graças!' Não encontro nada disso em seu texto. Será que é proibido pronunciar em cena o nome de Deus, esse santo nome que seu pai não cessava de invocar? – Não creio, André. – Será que o senhor teve medo de que se soubesse que seu pai era cristão? – De forma alguma, André. A moral do cristão é tão bela! Mas por que a pergunta? – É que dizem… – O quê? – Que o senhor é… um pouco… livre pensador; e levando em conta os trechos que o senhor cortou, acho que há nisso um fundo de verdade. – André, eu seria obrigado a ser um cidadão ainda melhor e um homem ainda mais honesto. – O senhor é bom; mas não pense que se iguala ao senhor seu pai. Talvez, um dia, o senhor consiga. – André, é só? – Eu gostaria de dizer ainda outra coisa, mas não tenho coragem. – Fale. – Já que o senhor permite, o senhor praticamente não menciona as boas ações do inglês que nos socorreu. Senhor, há gente direita em toda parte… Mas o senhor mudou muito, se as outras coisas que dizem do senhor são mesmo verdade. – E o que é que dizem mais? – Que o senhor adora essa gente. – André! – Que o senhor via o país deles como um asilo de liberdade, a pátria da virtude, da invenção, da originalidade[14]. – André! – Agora o senhor se zanga. Está certo! Não falemos mais disso. O senhor disse que o correspondente, vendo o senhor seu pai quase nu, despojou-se de suas vestes e cobriu-o.

14. Diderot, como muitos dos filósofos de sua época, tinha grande simpatia pela Inglaterra, mas, como eles, esforçava-se para manter a isenção num momento de guerra.

Isso está certo. Mas o senhor não podia esquecer que um dos criados fez o mesmo comigo. A culpa por esse silêncio, senhor, vai recair sobre mim e eu é que vou passar por ingrato, o que absolutamente não quero ser.

O senhor vê que André não partilhava a sua opinião. Ele queria a cena tal e qual aconteceu: o senhor a quer como convém à obra; e a culpa é toda minha por ter descontentado aos dois.

Eu – "*Que o fazia morrer no fundo de um calabouço, sobre os trapos de seu criado*"[15] é uma frase dura.

Dorval – São palavras ditas sem pensar; que escapam a uma pessoa melancólica que durante a vida inteira exerceu a virtude, que ainda não teve um único momento de felicidade e a quem contam os infortúnios de um homem de bem.

Eu – Sem falar que esse homem de bem é talvez seu pai; e que esses infortúnios destroem as esperanças de seu amigo, lançam sua noiva na miséria e perpassam sua situação de um novo amargor. Tudo isto é verdade. Mas e os seus inimigos?

Dorval – Se, por acaso, tomarem conhecimento de minha peça, o público será o juiz deles e meu. Serão citadas em minha defesa cem passagens de Corneille, Racine, Voltaire e Crébillon[16] em que o personagem e a situação apresentam coisas mais fortes, que nunca escandalizaram ninguém. Eles ficarão sem resposta; e ficará claro o que eles evitam revelar: que não é o amor do bem o que os move, mas o ódio pelo homem que os devora.

Eu – Mas e esse André? Acho que ele fala bem demais para um criado; e confesso que há no relato dele trechos que não desmereceriam a pena de Dorval.

Dorval – Eu já lhe disse: nada torna a pessoa mais eloqüente que a infelicidade. André é um rapaz que recebeu alguma educação, mas que foi, creio, um pouco libertino na juven-

15. Ver Ato III, cena 7, p. 60-65.

16. Trata-se de Prosper Crébillon (1674-1762), muito apreciado em sua época, autor de *Atreu e Tieste*.

tude. Enviaram-no às ilhas onde meu pai, que conhecia bem o gênero humano, afeiçoou-se a ele, colocando-o à frente de seus negócios, o que se mostrou uma medida acertada. Mas voltemos às suas observações. Acho que estou vendo um tracinho ao lado do monólogo que conclui o terceiro ato.

Eu – É verdade.

Dorval – O que significa?

Eu – Que ele é bonito, mas insuportavelmente longo.

Dorval – Pois bem: vamos reduzi-lo. O que o senhor gostaria de cortar?

Eu – Não sei.

Dorval – Mas sabe que ele é longo.

Eu – O senhor pode tentar confundir-me à vontade, mas não conseguirá desfazer essa impressão.

Dorval – Talvez.

Eu – Então, por favor.

Dorval – Vou perguntar apenas que tal ele lhe pareceu no salão.

Eu – Bom. Mas eu, por minha vez, perguntarei como é possível que o que me pareceu curto durante a representação, quando lido pareça-me longo.

Dorval – É que eu não redigi a pantomima e o senhor não se lembrou dela. Nós ainda não sabemos até onde a pantomima pode influir na composição de uma obra dramática e na representação.

Eu – Pode ser.

Dorval – E depois, aposto que o senhor continua a me imaginar no palco francês[17], no teatro.

Eu – O senhor acha que sua obra não teria êxito no teatro?

Dorval – Dificilmente. Seria preciso ou podar o diálogo em algumas passagens ou mudar a ação teatral e a cena.

Eu – O que o senhor quer dizer com mudar a cena?

17. Alusão talvez à Comédie-Française, que detinha o monopólio do teatro declamado.

DORVAL – Eliminar tudo o que atravanca um lugar já por demais acanhado[18]; ter cenários; poder executar quadros diferentes daqueles que vemos se repetirem há cem anos; em resumo: transportar para o teatro o salão de Clairville, tal e qual.

EU – Então é muito importante ter um teatro?[19]

DORVAL – Sem dúvida alguma. Pense que o espetáculo francês[20] comporta tantos cenários quanto o teatro lírico e até mais agradáveis do que os dele, porque o mundo encantado pode divertir as crianças, mas só o mundo real agrada à razão... Sem a cena de que falei, não se consegue imaginar nada. Os homens de gênio desistirão; os autores medíocres farão sucesso por meio da imitação servil; as pessoas se apegarão cada vez mais a conveniências mesquinhas; e o gosto nacional se empobrecerá... O senhor viu o teatro de Lyon?[21] Eu não pediria nada além de um monumento semelhante na capital, que faria eclodir uma infinidade de poemas e talvez produzisse alguns gêneros novos.

EU – Não estou compreendendo: por obséquio, explique-se melhor.

DORVAL – É tudo o que eu quero.

Pena que eu não consiga transmitir tudo o que Dorval me disse, e nem o seu modo de dizê-lo! Começou muito sério; inflamou-se pouco a pouco; suas idéias se aceleraram; e ele se

18. Inclusive, havia banquetas instaladas no próprio palco e vendidas a bom preço àqueles que, mais que ver o espetáculo, queriam ser vistos. Na Comédie-Française esta prática só foi abolida em 1759, quando o Duque de Lauragais indenizou o teatro em trinta mil libras pela perda desses proventos, mas, desde 1749, Voltaire solicitava essa reforma.

19. No original, *une scène*. Optei por usar aqui o termo *teatro* para aproveitar a dubiedade da palavra, que tanto pode aludir a um palco, que necessitava de urgente reformulação, como vimos, quanto ao edifício teatral nos moldes do grande teatro de Lyon, que Diderot desejava ver imitado na capital.

20. Referência ao teatro declamado, cujo monopólio pertencia, como dissemos, à Comédie-Française.

21. Projeto do arquiteto Soufflot, concluído por Munet em 1756 e inaugurado a 30 de agosto desse mesmo ano por Mlle. Clairon no papel de Agripina, no texto *Britannicus*, de Racine.

dirigia para a conclusão com tal rapidez que eu mal conseguia segui-lo. Eis o que eu pude reter.

Eu gostaria muito (disse ele de início) de persuadir os espíritos tímidos, que nada conhecem além do que existe, de que, se as coisas fossem diferentes, eles as achariam igualmente boas; e, visto que a autoridade da razão nada vale para eles em comparação com a autoridade do tempo, eles aprovariam o que censuram, assim como freqüentemente já lhes aconteceu censurar o que haviam antes aprovado... Para bem julgar no campo das belas artes, é preciso reunir várias qualidades raras... Um grande gosto pressupõe um grande senso, uma longa experiência, uma alma honesta e sensível, um espírito elevado, um temperamento um pouco melancólico e um organismo delicado...

Depois de um momento de silêncio, ele acrescentou:

"Não pediria, para mudar a face do gênero dramático, nada além de um teatro bastante extenso, onde se mostraria, sempre que o tema de uma peça o exigisse, uma grande praça com os edifícios adjacentes, como o peristilo de um palácio, a entrada de um templo, diferentes lugares distribuídos de modo que o espectador visse toda a ação e que houvesse uma parte oculta para os atores.

Foi, ou pode ter sido assim, outrora, a cena das *Eumênides* de Ésquilo. De um lado, o espaço no qual as Fúrias desvairadas procuravam Orestes, que havia escapado à sua perseguição enquanto elas estavam adormecidas; do outro, via-se o culpado, a fronte cingida por uma faixa, abraçado aos pés da estátua de Minerva, implorando seu socorro. Aqui, Orestes dirige sua queixa à deusa; ali as Fúrias se agitam; elas vão, vêm, correm. Enfim uma delas grita: 'Eis o rastro de sangue que o parricida [*sic*] deixou ao passar... Eu sinto, eu sinto... ' Ela caminha. Suas impiedosas irmãs a seguem: elas passam do lugar onde estavam para o refúgio de Orestes. Elas o cercam, lançando gritos, fremindo de raiva, sacudindo as tochas. Que momento de terror e de piedade aquele no qual se ouvem a prece e os gemidos do infeliz entre os gritos e os movimentos aterrorizantes dos cruéis seres que o perseguem! Realizamos algo de semelhante em nossos palcos? Nunca podemos mostrar ali mais do que uma única ação, enquanto que, na natureza, elas são quase sempre simultâneas, e suas representações concomitantes, fortificando-se reciprocamente, produziriam em nós efeitos terríveis. Só então tremeríamos ao ir ao espetáculo e não poderíamos deixar de ir; só então, em vez de suscitar as mesquinhas emoções passageiras, os frios aplausos, as lágrimas escassas com que o poeta se contenta, o espetáculo perturbaria os espíritos, levando às almas a confusão e o terror; e veríamos esses fenômenos da tragédia antiga, tão possíveis e tão pouco críveis, renovarem-se entre nós. Eles esperam, para mostrar-se, um homem de gênio que saiba combinar a pantomima com o discurso, mesclar uma cena falada com uma cena muda, tirar partido da reunião das duas cenas e, sobretudo, da abordagem terrível ou cômica dessa reunião que sempre se fará. Depois que as Eumênides se agitaram em cena, elas chegam ao santuário onde o culpado se refugiou; e as duas cenas formam uma única".

EU – Duas cenas alternadamente mudas e faladas. Compreendo. Mas e a confusão?

DORVAL – Uma cena muda é um quadro; é um cenário animado. No teatro lírico, o prazer de ver prejudica o prazer de ouvir?

EU – Não... Mas é assim que deveríamos compreender o que nos é contado a propósito dos espetáculos antigos, nos quais a música, a declamação e a pantomima estavam ora reunidas, ora separadas?

DORVAL – Às vezes; mas essa discussão acabaria por nos desviar: vamos nos ater ao nosso assunto. Vejamos o que seria possível hoje; e tomemos um exemplo doméstico e comum.

Um pai perdeu o filho num duelo; é noite. Um criado, que testemunhou o fato, vem trazer a notícia. Entra nos aposentos do infeliz pai, que estava dormindo. Anda de um lado para o outro. O barulho do homem andando acorda o pai. Ele pergunta quem é. – Sou eu, meu amo, responde o criado, com voz alterada. – Então! o que é que há? – Nada. – Como, nada? – Nada, senhor. – Não é verdade. Você está tremendo. Desvia o rosto. Evita meu olhar. Repito: o que é que há? Quero saber. Fale! Estou mandando! – Nada, não aconteceu nada, responde o criado chorando. – Ah, infeliz, grita o pai, levantando do leito onde repousava. Você está me enganando. Aconteceu alguma desgraça... Minha mulher morreu? – Não, senhor. – Minha filha? – Não, senhor – Então foi meu filho?... O criado se cala; o pai compreende seu silêncio; arroja-se ao chão. A dor e os gritos reverberam no quarto. Ele faz, ele diz tudo o que o desespero sugere a um pai que perde seu filho, única esperança da família.

O mesmo homem corre até o quarto da mãe. Ela também estava dormindo. Acorda com o barulho do cortinado aberto com violência. O que aconteceu? pergunta. – Senhora, a maior desgraça. Este é o momento de mostrar-se cristã. A senhora perdeu seu filho. – Ah, meu Deus! grita a mãe aflita. E tomando um Cristo que estava à sua cabeceira, estreita-o nos braços; cola nele os lábios. Seus olhos se desmancham em lágrimas. E essas lágrimas inundam seu Deus, pregado numa cruz.

Eis o quadro da mulher piedosa. Logo veremos o da terna esposa e da mãe desolada. A uma alma na qual a religião domina os movimentos da natureza, é necessário um abalo mais forte para que vozes verdadeiras dali se desprendam.

Nesse ínterim levaram para os aposentos do pai o cadáver de seu filho; e ali se passou uma cena de desespero, enquanto que no quarto da mãe se dava uma pantomima de fé.

O senhor vê como a pantomima e a declamação mudam alternadamente de lugar. É ela que deve tomar o lugar dos nossos apartes. Mas aproxima-se o momento da reunião das duas cenas. A mãe, amparada pelo criado, dirige-se para os aposentos de seu esposo... Pergunto-me o que acontece com o espectador durante esse movimento... É um esposo, um pai debruçado sobre o cadáver de um filho o que vai ferir o olhar daquela mãe!... Mas ela atravessou o espaço que separa as duas cenas. Gritos de desespero chegam a seus ouvidos. Ela viu. Ela recua imediatamente. A força a abandona e ela cai sem sentidos entre os braços daquele que a acompanha. Logo sua boca se encherá de soluços. *Tum verae voces*[22].

Há poucas palavras nessa ação; mas um homem de gênio, para preencher os intervalos vazios, aí disseminará apenas alguns monossílabos. Lançará aqui uma exclamação, ali um começo de frase: raramente ele se permitirá um discurso encadeado, por mais curto que seja.

Isso é tragédia; mas é preciso, para esse gênero, autores, atores, um teatro e talvez um povo.

EU – O quê! O senhor quer, numa tragédia, uma cama, uma mãe e um pai adormecidos; um crucifixo; um cadáver; duas cenas alternadamente mudas e faladas! E as conveniências?[23]

DORVAL – Ah! cruéis conveniências, como tornam as obras decentes e mesquinhas!... Mas, acrescentou Dorval, com um sangue frio que me surpreendeu, o que estou propondo não é mais possível?

EU – Acho que nunca chegaremos lá.

DORVAL – Então, tudo está perdido! Corneille, Racine, Voltaire, Crébillon receberam os maiores aplausos aos quais homens de

22. Alusão a Horácio, *Arte Poética*, v. 317-318: "É então que se escutam as inflexões verídicas". O trecho completo é o seguinte: "Respicere exemplar vitae morumque iubebo / doctum imitatorem et vivas hunc ducere voces". (Prescreverei ao douto imitador que observe o modelo dos costumes e da vida e tire daí uma linguagem viva). Cf. Horácio, op. cit., edição bilíngüe com tradução de Dante Tringali, São Paulo: Musa Editora, 1993, p. 21 e 34, respectivamente.

23. As conveniências (em francês, *bienséances*) simbolizavam o alto estágio de decantamento a que um mundo orientado pela etiqueta e pela hierarquia aspirava, dando preferência, no teatro, a temas ligados a heróis míticos ou a personagens históricos de nobre extração, e reduzindo drasticamente o vocabulário trágico pela exclusão de grande quantidade de termos, como, por exemplo, *mouchoir, pistolet, poitrine* (lenço, pistola, peito).

gênio podem aspirar; e a tragédia chegou, entre nós, ao mais alto grau de perfeição.

Enquanto Dorval falava isso, eu fazia uma reflexão singular. Como, tomando por pretexto uma aventura doméstica que ele havia transformado em peça teatral, Dorval estabelecia preceitos comuns a todos os gêneros dramáticos, e era sempre levado por sua melancolia a só aplicá-los à tragédia.

Após um momento de silêncio, ele disse:

"Há, no entanto, uma possibilidade; esperar que algum dia um homem de gênio sinta a impossibilidade de alcançar aqueles que o precederam numa rota já batida e então se lance, por despeito, em outra; é o único feito que nos poderá libertar de vários preconceitos que a filosofia em vão atacou. Não são razões o que nos falta, mas produção".

EU – Nós temos uma.

DORVAL – Qual?

EU – *Sylvie*, tragédia em um ato e em prosa[24].

DORVAL – Conheço-a: é a tragédia *Le Jaloux* [O Ciumento]. É obra de um homem que pensa e sente.

EU – A cena se abre com um quadro encantador. É o interior de um cômodo do qual só vemos as paredes. Ao fundo, sobre uma mesa, uma luz, um jarro de água e um pão. É tudo o que um marido ciumento concede, para o resto de seus dias, a uma mulher inocente, de cuja virtude ele desconfiou.

Imagine agora essa mulher aos prantos, diante dessa mesa: Mlle. Gaussin[25].

24. Tragédia burguesa de Paul Landois (colaborador de Diderot na *Enciclopédia*); foi representada por pouquíssimo tempo na Comédie, em 1741. A trama é a seguinte: uma mulher, infiel sem o desejar, pois foi drogada por um sedutor, é mantida em cárcere privado pelo marido até que sua inocência é reconhecida e ela é perdoada.

25. Jeanne-Catherine Gaussin, atriz da Comédie-Française, que criou o papel de Sylvie. Sua especialidade eram os papéis ternos, que requerem sensibilidade, como Berenice, de Racine, por exemplo.

DORVAL – Avalie o senhor o efeito dos quadros, a partir desse mesmo que o senhor mencionou. Há na peça outros detalhes que me agradaram. Ela é suficiente para despertar um homem de gênio, mas para converter um povo é necessária uma outra obra.

Neste ponto, Dorval gritou: "Ó tu, que possuis todo o calor do gênio numa época em que resta apenas aos demais a fria razão, por que não posso estar a teu lado, como tua Eumênide? Eu te instigaria sem descanso. Tu realizarias esta obra; eu lembraria a ti das lágrimas que a cena do Filho pródigo e de seu criado[26] nos fez derramar e, desaparecendo de entre nós, tu não nos deixarias o lamento por um gênero do qual tu podias ser o fundador".

EU – E como o senhor denominará esse gênero?

DORVAL – A tragédia doméstica e burguesa. Os ingleses têm *O Mercador de Londres*[27] e *O Jogador*[28], tragédias em prosa. As tragédias de Shakespeare são parte em verso e parte em prosa. O primeiro poeta que nos fez rir com a prosa, introduziu a prosa na comédia. O primeiro poeta que nos fizer chorar com a prosa, introduzirá a prosa na tragédia.

Mas na arte, como na natureza, tudo está encadeado; se nos aproximamos de um lado do verdadeiro, nós nos aproximaremos de muitos outros lados dele. É então que veremos em cena situações naturais, que um decoro inimigo do gênio e dos grandes efeitos proscreveu. Não me cansarei de gritar aos nossos franceses[29]: A Verdade! A Natureza! Os Antigos! Sófocles! Filoteto! O poeta o mostrou em cena, deitado na entrada de

26. Referência à peça de Voltaire *O Filho Pródigo*, que estreou em 1736. No Ato III, cena 1, o criado Jasmin dá uma lição de humildade e coragem ao jovem Euphémon.

27. De George Lillo. Diderot pensou em adaptar essa peça.

28. De Edward Moore, estréia no Drury Lane em 1753. Traduzida por Diderot em 1760, foi recusada pelos atores da Comédie-Française, mas inspirou a Saurin seu drama burguês *Beverley* (1768).

29. Referência à Comédie-Française.

sua caverna, e coberto de andrajos. Ele se contorce. Tem um acesso de dor. Grita. Lança sons inarticulados. O cenário era selvagem; a peça prosseguia sem aparato. Figurinos verdadeiros, discursos verdadeiros, uma trama simples e natural. Nosso gosto estaria muito degradado se esse espetáculo não nos tocasse mais do que o de um homem ricamente vestido, muito afetado em seus adornos...

Eu – Como se tivesse acabado de se arrumar.

Dorval – Passeando compassadamente no palco, e fustigando nossos ouvidos com aquilo que Horácio chama *ampullas et sequipedalia verba*[30], sentenças, estilo pretensioso, palavras sesquipedais.

Nada poupamos para corromper o gênero dramático. Conservamos dos Antigos a ênfase da versificação que convinha tão bem a línguas de quantidade[31] forte e acento marcado, a teatros amplos, a uma declamação ritmada e acompanhada por instrumentos; e abandonamos a simplicidade da trama e do diálogo e a verdade dos quadros.

Não gostaria de recolocar em cena os grandes socos[32] e os altos coturnos, as vestes colossais, as máscaras, os amplificadores de voz, embora todas essas coisas fossem parte necessária de um sistema teatral. Mas não havia nesse sistema aspectos preciosos? E o senhor acredita que seria adequado acrescentar mais entraves ao gênio, no momento mesmo em que ele se via privado de um grande recurso?

Eu – Que recurso?

Dorval – A afluência de um grande número de espectadores.

Não há mais, a rigor, espetáculos públicos. Que relação há entre nossas assembléias no teatro, nos dias mais concorridos, e as do povo de Atenas ou de Roma? Os teatros antigos

30. Horácio, op. cit., verso 97 ("O estilo empolado e as palavras de um pé e meio".) Cf. op. cit., p. 29.

31. Quantidade é o valor atribuído a sílabas longas e breves, como ocorre, por exemplo, em latim.

32. Soco: calçado baixo usado pelos atores nas comédias da Antigüidade.

recebiam até oitenta mil cidadãos. A cena de Scaurus[33] era decorada por trezentas e sessenta colunas e três mil estátuas. Empregavam-se na construção desses edifícios todos os meios de fazer valer os instrumentos e as vozes. Tinha-se a impressão de um grande instrumento. *Uti enim organa in aeneis laminis, aut corneis echeis ad chordarum sonituum claritatem perficiuntur. Sic theatrorum, per harmonicen, ad augendam vocem, ratiocinationes ab antiquis sunt constitutae*[34].

Neste ponto, interrompi Dorval e disse: Vou contar uma pequena aventura sobre nossas salas de espetáculo.

"Daqui a pouco", respondeu; e continuou:

"Avalie a força de um grande número de espectadores, a partir do que o senhor sabe a respeito da influência dos homens uns sobre os outros e do contágio das paixões nos levantes populares. Quarenta a cinqüenta mil homens não podem ser contidos por decoro. E se acontecesse a um grande personagem da república verter uma lágrima, que efeito o senhor acredita que sua dor produziria sobre os outros espectadores? Há algo mais patético[35] do que a dor de um homem venerável?

Aquele que não sente intensificar-se a sua sensação pelo grande número dos que com ele a partilham, tem algum vício secreto; há em seu caráter algo de solitário que me desagrada.

Mas se a afluência de um grande número de homens devia aumentar a emoção do espectador, imagine a influência que exerceria sobre os autores, os atores. Que diferença entre distrair tal dia, de tal a tal hora, num lugar pequeno e escuro, algumas centenas de pessoas e fixar a atenção de uma nação inteira

33. Aemilius Scaurus (162-89 a.C.), cônsul de Roma e príncipe do senado; realizou numerosas obras públicas.

34. Vitrúvio, *Sobre a Arquitetura*, v. 3: "Assim como o som dos instrumentos de sopro, passando por lâminas de bronze e por amplificadores de chifre, alcança a clareza do som das cordas, os Antigos, valendo-se da ciência da harmonia, encontraram um modo de amplificar a voz no teatro".

35. No sentido de *tocante*, tanto para quem sofre a ação do *pathos* quanto para quem presencia a emoção alheia.

em seus dias solenes, ocupar seus edifícios mais suntuosos e ver esses edifícios cercados e repletos de uma multidão incontável, cujo divertimento ou tédio vai depender de nosso talento!"

Eu – O senhor atribui um efeito muito grande a circunstâncias puramente locais.

Dorval – O mesmo efeito que elas exerceriam sobre mim; e acho que estou certo.

Eu – Mas, a dar-lhe ouvidos, tem-se a impressão de que foram essas mesmas circunstâncias que sustentaram e talvez tenham introduzido no teatro a poesia e a ênfase.

Dorval – Não exijo que se admita essa conjetura. Peço apenas que seja examinada. Não é bastante verossímil que o grande número de espectadores que precisavam ouvir o que se dizia, apesar do murmúrio confuso que provocam, mesmo nos momentos que exigem atenção, tenha feito com que a voz se alteasse, as sílabas fossem escandidas, a pronúncia se tornasse mais articulada e que a utilidade da versificação fosse sentida? Horácio diz do verso dramático: *Vincentem strepitus, et natum rebus agendis*[36]: "É cômodo para a intriga e se faz ouvir em meio ao barulho". Mas não era necessário que o exagero contagiasse ao mesmo tempo e pela mesma causa o andar, o gesto e todas as outras partes da ação? Daí veio uma arte que foi denominada declamação.

Seja como for; que a poesia tenha feito nascer a declamação teatral; que a necessidade dessa declamação tenha introduzido, tenha sustentado em cena a poesia e sua ênfase; ou que esse sistema, formado pouco a pouco, tenha durado pela adequação entre suas partes, é certo que tudo o que a ação dramática tem de enorme se produz e desaparece ao mesmo tempo. O ator abandona e retoma o exagero em cena.

Há uma espécie de unidade que se procura sem se perceber e na qual a pessoa se fixa assim que a encontra. Essa unidade

36. Horácio, op. cit., v. 82 (comentário a respeito do metro adotado para o verso dramático, apropriado "para vencer o ruído popular e nascido para a ação". Cf. a tradução de Dante Trigali, op. cit., p. 29).

determina as vestes, o tom, o gesto, a contenção, desde o púlpito colocado nos templos até os tablados erigidos em plena rua. Veja um charlatão num canto da praça Dauphine: ele se atavia com toda sorte de cores; seus dedos estão carregados de anéis; longas plumas vermelhas flutuam em torno de seu chapéu. Ele traz consigo um macaco ou um urso; ele sobe em andas; grita a plenos pulmões; gesticula da maneira mais exagerada: e todas essas coisas convêm ao lugar, ao orador, a seu auditório. Estudei um pouco o sistema dramático dos Antigos. Espero um dia conversar com o senhor sobre isso, expor-lhe, sem parcialidade, sua natureza, seus defeitos e suas vantagens e mostrar-lhe que aqueles que o atacaram não o haviam observado de perto o suficiente... E a história que o senhor queria me contar a respeito de nossas salas de espetáculos?

Eu – É a seguinte. Eu tinha um amigo um pouco libertino. Meteu-se numa encrenca na província. Para escapar às conseqüências do caso, teve que se refugiar na capital; e veio morar em minha casa. Num dia de espetáculo, como eu procurasse distrair meu prisioneiro, convidei-o para ir ao teatro. Não sei mais a qual dos três[37]. Mas isso não importa para a minha história. Meu amigo aceita. Eu o levo. Chegamos; mas quando ele vê os guardas espalhados por ali, os pequenos corredores escuros que servem de entrada e aquele buraco gradeado através do qual se distribuem os bilhetes, pensa estar diante de uma cadeia e que haviam conseguido um mandado para encarcerá-lo. Como ele é valente, estaca; põe a mão na guarda da espada; e, voltando para mim os olhos indignados, grita num tom perpassado de furor e desprezo: "Ah, meu amigo!" Eu o compreendi. Acalmei-o; mas o senhor há de convir que o engano dele não era totalmente despropositado...

Dorval – Mas onde foi que paramos o nosso exame? Visto que foi o senhor que me desviou, trate agora de me recolocar no caminho certo.

37. A Ópera, a Comédie-Française ou a Comédie-Italienne.

EU – Estamos no quarto ato, na sua cena com Constance... Só vejo aqui um sinal a lápis; mas ele vai da primeira à última linha.

DORVAL – O que foi que lhe desagradou?

EU – Primeiro, o tom; ele me parece muito elevado para uma mulher.

DORVAL – Para uma mulher comum, sim. Mas o senhor vai conhecer Constance; e talvez então a cena lhe pareça inferior a ela.

EU – Há expressões, pensamentos, que são mais do senhor do que dela.

DORVAL – Não vou negar. Tomamos de empréstimo nossas expressões, nossas idéias, de pessoas com as quais conversamos, vivemos. Segundo a estima que temos por elas (e Constance me estima muito), nossa alma assume as nuances mais ou menos fortes da delas. Meu caráter certamente influiu sobre o dela e o dela sobre o de Rosali.

EU – E a extensão?

DORVAL – Ah! o senhor subiu novamente ao palco. Já fazia um bom tempo que isso não lhe acontecia. O senhor nos vê, a mim e a Constance, na beira de um tablado, bem empertigados, olhando-nos de perfil e recitando alternadamente a pergunta e a resposta. Mas foi assim que isso aconteceu no salão? Nós estávamos ora sentados, ora de pé; às vezes caminhávamos. Com freqüência ficávamos parados e não estávamos com nenhuma pressa de chegar ao fim de uma conversa que interessava igualmente a ambos. O que ela não me disse? O que não lhe respondi eu? Se o senhor soubesse como ela procedia, quando esta alma selvagem se fechava à razão, para aí fazer aportarem as doces ilusões e a calma!

"*Dorval, suas filhas serão honestas e decentes, seus filhos serão nobres e altivos. Todos os seus filhos serão encantadores...* "[38]. Não consigo descrever a força dessas palavras acompanhadas por um sorriso cheio de ternura e de dignidade.

38. Ver Ato IV, cena 3, p. 76.

EU – Compreendo. Ouço essas palavras pela boca de Mlle. Clairon[39], e vejo-a.

DORVAL – Não, realmente, só as mulheres possuem essa arte secreta. Nós somos apenas raciocinadores duros e secos.

"Não é preferível gerar ingratos", dizia-me ela, "a deixar de fazer o bem?

Os pais têm pelos filhos um amor inquieto e medroso que os estraga. Mas há um outro, atento e tranqüilo, que os torna honestos; e esse é o verdadeiro amor de pai.

O desinteresse por tudo o que diverte a multidão é conseqüência do gosto genuíno pela virtude.

Há um tino moral que se estende a tudo, e que o homem mau não possui.

O homem mais feliz é aquele que faz a felicidade do maior número de outros homens.

Eu queria estar morto é um desejo freqüente que prova, ao menos às vezes, que há coisas mais preciosas que a vida.

Um homem de bem é respeitado mesmo por aqueles que não o são, ainda que num outro planeta.

As paixões destroem mais preconceitos que a filosofia e como a mentira resistiria a elas? Elas abalam às vezes até a verdade".

Ela me disse uma outra palavra, simples, na verdade, mas tão próxima da minha situação, que fiquei apavorado.

É que "não havia homem algum, por mais honesto que fosse, que, num violento acesso de paixão, não desejasse, no fundo do coração, as honras da virtude e as vantagens do vício".

Lembrava-me bem dessas idéias, mas não do encadeamento delas; por isso ficaram fora da cena. O que ali foi incluído, e o que acabo de dizer, basta, creio, para mostrar que Constance tem o hábito de pensar. Ela me conquistou assim: sua razão

39. Claire Legris de Latude, conhecida como Mlle. Clairon (1723-1803), atriz da Comédie-Française e amiga dos filósofos. Seu primeiro sucesso deu-se em 1743, no papel de Fedra, e, desde então, tornou-se muito apreciada, mais pela inteligência que pelas qualidades emocionais de seu trabalho.

dissipou como poeira tudo o que eu, na minha disposição de ânimo, opunha-lhe.

Eu – Vejo, nesta cena, um trecho que sublinhei, mas não sei mais por quê.

Dorval – Leia o trecho.

Eu li: "*Nada cativa mais fortemente que o exemplo da virtude, nem mesmo o exemplo do vício*"[40].

Dorval – Compreendo. A máxima lhe pareceu falsa.

Eu – Isso mesmo.

Eu pratico muito pouco a virtude, disse-me Dorval; mas ninguém a tem em mais alta conta do que eu. Vejo a verdade e a virtude como duas grandes estátuas erigidas na superfície da terra e imóveis em meio à devastação e às ruínas de tudo o que as cerca. Essas grandes figuras ficam, às vezes, encobertas pelas nuvens. Então os homens se movem em meio às trevas. São os tempos da ignorância e do crime, do fanatismo e das conquistas. Mas chega um momento em que a nuvem se entreabre; então os homens prosternados reconhecem a verdade e rendem homenagem à virtude. Tudo passa, mas a virtude e a verdade permanecem.

Defino a virtude como o gosto pela ordem nas coisas morais. O gosto pela ordem em geral nos domina desde a mais tenra infância; ele é mais antigo em nossa alma, dizia-me Constance, que qualquer sentimento meditado; e foi assim que ela me colocava contra mim mesmo. Ele age em nós sem que dele nos apercebamos. É ele o germe da honestidade e do bom gosto. Conduz-nos ao bem, enquanto não for perturbado pela paixão. Ele nos segue até em nossos deslizes. Então ele organiza tudo da maneira mais vantajosa para o mal. Se ele pudesse ser algum dia sufocado, haveria homens que sentiriam o remorso da virtude, como alguns sentem o remorso do vício. Quando vejo um celerado capaz de uma ação heróica, convenço-me de que os homens de bem são mais genuinamente

40. Ver Ato IV, cena 3, p. 76.

homens de bem que os homens maus em sua maldade; que a bondade está mais indivisivelmente arraigada em nós do que a maldade e que, em geral, há mais bondade na alma de um homem mau que maldade na alma dos bons.

EU – Creio, aliás, que não é preciso examinar a moral de uma mulher como as máximas de um filósofo.

DORVAL – Ah se Constance o ouve!...

EU – Mas essa moral não é um pouco forte para o gênero dramático?

DORVAL – Horácio desejava que um poeta fosse haurir sua ciência nas obras de Sócrates: *Rem tibi Socraticae poterunt ostendere chartae*[41].

Bom, eu creio que em uma obra, seja qual for, o espírito do século deve fazer-se notar. Se a moral se depura, se o preconceito se atenua, se os espíritos tendem à benevolência geral, se o gosto pelas coisas úteis se difunde, se o povo se interessa pelos atos do ministro, é preciso que isso seja percebido, até numa peça de teatro[42].

EU – Apesar de tudo o que o senhor me diz, eu insisto. Acho a cena muito bonita, e muito longa. Isso em nada diminui meu respeito por Constance. Estou encantado por haver no mundo uma mulher como ela, e por ser precisamente a sua...

Os riscos a lápis começaram a rarear. Contudo, aqui está mais um.

Clairville colocou seu destino em suas mãos. Ele vem se inteirar do que o senhor decidiu. O sacrifício de sua paixão é fato consumado; o de sua fortuna está decidido. Clairville e Rosali voltarão à opulência por sua generosidade. Esconda de seu amigo essa circunstância, concordo; mas por que divertir-se em atormentá-lo, mostrando-lhe obstáculos que não mais

41. Horácio, op. cit., v. 310: "Os escritos socráticos te poderão mostrar as idéias". (Trad. de Dante Tringali, op. cit., p. 34).

42. No original, *comédie*. Creio, entretanto, que o termo está aqui empregado no sentido geral de que já falamos em nota anterior.

existem? Isso traz o elogio do comércio[43], eu sei. Esse elogio é sensato. E torna a obra mais instrutiva e mais útil. Mas alonga a cena e eu o suprimiria. *Ambitiosa recidet ornamenta*[44].

Constato, respondeu Dorval, que o senhor é um homem afortunado de nascença. Depois de um esforço intenso, há uma espécie de distensão à qual é impossível recusar-se e que o senhor conheceria, se o exercício da virtude lhe tivesse sido penoso. O senhor nunca teve necessidade de respirar... Eu usufruía de minha vitória. Fazia com que o coração de meu amigo externasse os sentimentos mais honestos. Eu o via cada vez mais digno do que eu acabava de fazer por ele. E essa ação não lhe parece natural! Veja, ao contrário, nessas características, a diferença entre um acontecimento imaginário e um acontecimento real.

EU – Pode ser que o senhor tenha razão. Mas, diga-me, Rosali não teria acrescentado posteriormente este trecho da primeira cena do [quarto][45] ato? "*E eu o amava tanto! Clairville a quem eu estimo*" etc.

DORVAL – O senhor adivinhou.

EU – Agora só tenho praticamente elogios a fazer-lhe. Gostei muitíssimo da cena 3 do quinto ato. Dizia a mim mesmo, antes de a ler: ele vai querer convencer Rosali a se afastar. É um projeto louco que já não deu certo com Constance e também não vai funcionar com Rosali. O que poderá ele dizer que não aumente ainda mais a estima e a ternura dela? No entanto, vejamos. Li a cena; e fiquei convencido de que, no lugar de Rosali, mulher alguma, em quem subsistissem alguns vestígios de honestidade, deixaria de romper com o senhor e de voltar para o noivo. Compreendi então que não há o que

43. Ver Ato IV, cena 5, p. 80.

44. Horácio, op. cit., v. 447-448. ("Cortará os adornos pretensiosos". Cf. a tradução de Dante Tringali, op. cit., p. 37.)

45. A edição de 1757 menciona, por engano, o quinto ato. Segundo Laurent Versini (Diderot, *Oeuvres*, tome IV. Paris: Robert Laffont, 1996, p. 1162) também a de 1772 comete o mesmo erro.

não se consiga do coração humano por meio da verdade, da honestidade e da eloqüência.

Mas como é possível que sua peça não seja inventada e que os menores acontecimentos sejam tão bem preparados?

DORVAL – A arte dramática prepara os acontecimentos simplesmente para encadeá-los; e só os encadeia em suas produções porque eles são assim também na natureza. A arte imita até a maneira sutil pela qual a natureza nos oculta a ligação entre seus efeitos.

EU – A pantomima prepararia, ao que parece, algumas vezes de um modo bem natural e bem desenvolto.

DORVAL – Sem dúvida: e há um exemplo disso na própria peça. Enquanto André nos anunciava as desventuras de seu amo, veio-me cem vezes à cabeça que ele estava falando de meu pai; e dei mostras da minha preocupação por meio de movimentos a partir dos quais teria sido fácil a um espectador atento alimentar a mesma desconfiança.

EU – Dorval, vou dizer-lhe o que resta. Observei, de quando em quando, expressões que não são de uso corrente no teatro.

DORVAL – Mas que ninguém ousaria apontar, se um autor de renome as empregasse.

EU – Outras que vivem na boca de todo mundo; nas obras dos melhores escritores, e que seria impossível mudar sem prejudicar o raciocínio; mas o senhor sabe que a língua do espetáculo se depura à medida que os costumes de um povo se corrompem e que o vício constrói para si um idioma que se difunde pouco a pouco e que é necessário conhecer porque é perigoso empregar as expressões das quais ele já se apoderou.

DORVAL – O que o senhor diz acontece, realmente. Resta saber onde vai parar esta espécie de condescendência que é preciso ter em relação ao vício. Se a língua da virtude se empobrece à medida que a do vício se amplia, em breve estaremos reduzidos a não poder falar sem dizer alguma bobagem. Acho que há mil ocasiões nas quais um homem honrará seu bom gosto e seus costumes, desprezando essa espécie de invasão da libertinagem.

Já posso até ver que se, em sociedade, alguém resolve ostentar ouvidos delicados demais, fará as pessoas corarem por ele. O teatro francês[46] vai esperar, para seguir esse exemplo, que seu dicionário seja tão limitado quanto o dicionário do teatro lírico, e que o número de expressões honestas seja igual ao das expressões musicais?

Eu – Isso é tudo o que eu tinha a observar a respeito dos detalhes de sua obra. Quanto ao desenvolvimento, vejo um defeito. Talvez seja inerente ao tema. O senhor avaliará. O interesse muda de natureza. Do primeiro ato até o fim do terceiro, o interesse é a virtude infeliz; e, no resto da peça, é a virtude vitoriosa. Seria necessário, e teria sido fácil, alimentar o tumulto e prolongar as provações e o mal-estar da virtude.

Por exemplo, tudo permaneceria inalterado do começo da peça até a quarta cena do terceiro ato. É o momento em que Rosali fica sabendo que o senhor vai desposar Constance, desmaia de dor, e diz a Clairville, despeitada: "*Deixe-me... Eu o odeio...* "; então Clairville alimentaria suspeitas; o senhor se irritaria com um amigo importuno que lhe traspassa o coração, sem perceber; e assim terminaria o terceiro ato.

No quarto ato, eu faria o seguinte: deixaria a primeira cena mais ou menos como está; apenas Justine diz a Rosali que chegou um emissário da parte do pai dela; que ele se encontrou com Constance em segredo; e que ela tem razões para acreditar que ele trouxe más notícias. Depois dessa cena, eu passaria para a segunda cena do terceiro ato, quando Clairville se lança aos pés de Rosali e tenta convencê-la. Constance chega em seguida, trazendo André. Ele é interrogado. Rosali toma conhecimento dos infortúnios de seu pai: o senhor pode deduzir daí mais ou menos o desenrolar do resto. Exasperando a paixão de Clairville e a de Rosali, problemas ainda maiores

46. Referência ao teatro declamado da Comédie-Française.

que os anteriores se teriam deparado ao senhor. De tempos em tempos o senhor se sentiria tentado a confessar tudo. E talvez ao fim o fizesse realmente.

DORVAL – Compreendo. Mas aí não seria mais a nossa história. O que meu pai teria dito? Aliás, o senhor está mesmo convencido de que a peça ganharia com essa mudança? Reduzindo-me a tais extremos, o senhor teria feito de uma aventura bastante simples, uma peça muito complicada. Eu me teria tornado mais teatral,

EU – E mais comum, é verdade. Mas a obra teria seu sucesso garantido.

DORVAL – Com certeza; mas seria de muito mau gosto. Haveria certamente menos dificuldade, mas acho que haveria ainda menos verdade e beleza reais em alimentar a agitação do que em manter a calma. Pense que é a partir dali que os sacrifícios da virtude começam e se encadeiam. Veja como a elevação do discurso e a força das cenas tomam o lugar do patético da situação. No entanto, em meio a essa calma, a sorte de Constance, de Clairville, de Rosali e a minha continuam incertas. Sabe-se o que eu estou planejando, mas não há a menor garantia de que dê certo. Na verdade, não tenho êxito no que diz respeito a Constance; é menos verossímil ainda que eu obtenha resultados melhores com Rosali. Que acontecimento suficientemente importante substituiria essas duas cenas, no roteiro que o senhor acaba de me expor? nenhum.

EU – Eu tenho ainda uma última pergunta. É a respeito do gênero da sua peça. Não é uma tragédia. Não é uma comédia. O que é então? Que nome lhe dar?

DORVAL – O que o senhor preferir. Mas amanhã, se quiser, procuraremos juntos o nome que convém a ela.

EU – E por que não hoje?

DORVAL – Preciso deixá-lo. Mandei chamar dois fazendeiros da vizinhança, e eles já devem estar em minha casa há uma hora talvez, esperando por mim.

EU – Outro litígio para resolver?

DORVAL – Não: é uma questão um pouco diferente. Um dos fazendeiros tem uma filha. O outro tem um filho. Os dois jovens se amam. Mas a moça é rica e o rapaz não tem nada de seu…

EU – E o senhor quer pôr os pais de acordo, para a felicidade dos filhos. Até logo, Dorval. Até amanhã, no mesmo lugar.

TERCEIRA CONVERSA

No dia seguinte, o céu se toldou. Uma nuvem, que trazia a tempestade e arrastava o trovão, parou sobre a colina e cobriu-a de trevas. À distância em que eu estava, os raios pareciam alumiar-se e extinguir-se nessas trevas. O cimo dos carvalhos estava agitado. O rumor dos ventos se misturava ao murmúrio das águas; o trovão, ribombando, passeava entre as árvores; minha imaginação, dominada por relações secretas, mostrava-me, em meio a essa cena sombria, Dorval tal e qual eu o havia visto na véspera nos arroubos de seu entusiasmo; e eu acreditava ouvir sua voz harmoniosa elevar-se acima dos ventos e do trovão.

Entretempo a tempestade passou. O ar se tornou mais límpido, o céu mais sereno; e eu teria ido encontrar Dorval sob os carvalhos, se não tivesse lembrado que lá a terra estaria lamacenta e a grama encharcada demais. Apesar de rápida, a chuva tinha sido forte. Fui à casa dele. Ele estava à minha espera; porque, por seu lado, Dorval também havia pensado que eu não iria ao ponto de encontro da véspera; e foi então, no jardim de sua casa, às margens arenosas de um largo canal por onde ele tinha o hábito de passear, que ele concluiu o desenvolvimento de suas elucubrações. Depois de algumas idéias gerais sobre as ações da vida e sobre a imitação que dela se faz no teatro, ele me disse:

"Em todo objeto moral distinguem-se um meio e dois extremos. Decorre daí que, sendo a ação dramática um objeto moral, deveria haver um gênero médio e dois gêneros extremos. Temos os extremos, que são a comédia e a tragédia: mas o homem não está sempre ou na dor ou na alegria. Há, portanto, um ponto intermediário entre o gênero cômico e o gênero trágico.

Terêncio compôs uma peça[1] cujo tema é o seguinte. Um jovem se casa. Logo depois, alguns negócios o levam para longe. Ele se ausenta. Volta. Acredita perceber em sua mulher provas irrefutáveis de infidelidade. Entra em desespero. Quer devolvê-la a seus pais. Imaginem o estado do pai, da mãe, da filha. Há, no entanto, um davo[2], personagem divertido por si mesmo. O que faz o poeta? Afasta-o da cena durante os quatro primeiros atos[3] e só o traz de volta para alegrar um pouco o desfecho.

Pergunto a que gênero pertence essa peça. Ao gênero cômico? Não há do que rir. Ao gênero trágico? O terror, a comiseração e as outras grandes paixões não são suscitadas. No entanto, há interesse e haverá sempre, sem ridículo que faça rir, sem perigo que faça estremecer, em toda composição dramática na qual o assunto seja importante, na qual o poeta assuma o tom que empregamos nas situações sérias e na qual a ação avance por meio da perplexidade e das complicações. No entanto, parece-me que, sendo essas ações as mais comuns na vida, o gênero que as tomar por objeto deve ser o mais útil e o mais vasto. Eu chamarei esse gênero de *gênero sério*.

1. A *Hécira*.

2. Ver nota 6 da Primeira Conversa, p. 103.

3. Na realidade, o escravo Parmenon desaparece apenas entre a cena 4 do Ato III e a cena 3 do Ato V.

Estabelecido esse gênero, não haverá condição alguma na sociedade, nem ação importante na vida, que não se possa enquadrar em alguma parte do sistema dramático.

O senhor quer dar a esse sistema toda a amplitude possível, fazê-lo abarcar a verdade e as quimeras, o mundo imaginário e o mundo real? Acrescente o burlesco abaixo do gênero cômico e o maravilhoso acima do gênero trágico.

EU – Compreendo. *O burlesco... O gênero cômico... O gênero sério... O gênero trágico... O maravilhoso.*

DORVAL – A rigor, uma peça nunca se encaixa num único gênero. Não existe obra alguma nos gêneros trágico ou cômico na qual não se encontrem trechos que poderiam pertencer ao gênero sério; e haverá neste, reciprocamente, trechos que trarão a marca de ambos os gêneros.

E a vantagem do gênero sério é que, situado entre os dois outros, ele tem recursos, quer acima, quer abaixo. O que não acontece nem com o gênero cômico nem com o gênero trágico. Todas as nuances do cômico estão compreendidas entre esse gênero e o gênero sério; e todas as do trágico entre o gênero sério e a tragédia. O burlesco e o maravilhoso estão ambos igualmente fora da natureza; nada se pode tomar de empréstimo a eles que não prejudique. Os pintores e os poetas têm o direito de ousar tudo; mas esse direito não se estende até a liberdade de fundir espécies diferentes num mesmo indivíduo. Para um homem de gosto, há o mesmo absurdo em elevar Castor[4] ao nível dos deuses quanto em transformar o burguês fidalgo em *mamamouchi*[5].

4. Herói mitológico, gêmeo de Pólux. Filhos de Júpiter e Leda, ambos tomaram parte na expedição dos argonautas. Foram cognominados de Dióscuros. São freqüentemente citados como símbolo da amizade. Aqui Diderot provavelmente se refere a *Castor e Pólux*, tragédia lírica em cinco atos e um prólogo, libreto de Pierre Joseph Bernard, música de Jean-Philippe Rameau, representada em 1737. No quinto ato, Júpiter aparece em meio às constelações onde Castor e Pólux vão assumir seu lugar.

5. Nome dado por Molière, em *O Burguês Fidalgo*, a um dignitário burlesco de sua invenção; ver na peça a cena da cerimônia turca (Ato IV, cena 3).

O gênero cômico e o gênero trágico são os limites reais da composição dramática. Mas, se é impossível para o gênero cômico recorrer ao burlesco sem se degradar; se é impossível para o gênero trágico penetrar no gênero maravilhoso sem perder em verdade, segue-se daí que, situados nas extremidades, esses gêneros são os mais tocantes e os mais difíceis.

É no gênero sério que deve se exercitar primeiramente qualquer homem de letras que acredite ter talento para a cena. Ao jovem aluno que se destina à pintura, ensina-se primeiro a desenhar o nu. Quando essa parte fundamental da arte já lhe é familiar, ele pode escolher seu tema. O tema pode provir das condições sociais medianas ou de uma categoria social elevada, mas é preciso que sob as vestes se perceba sempre o nu; que aquele que tiver feito um longo estudo do homem no exercício do gênero sério calce, segundo seu gênio, o coturno ou o soco; que ele jogue sobre os ombros de seu personagem o manto real ou a toga, mas que o homem jamais desapareça sob a vestimenta.

Se o gênero sério é o mais fácil de todos, em compensação, é o menos sujeito às vicissitudes dos tempos e dos lugares. Levem o nu a qualquer lugar da terra, ele prenderá a atenção, se estiver bem desenhado. Se o senhor se destaca no gênero sério, agradará em todos os tempos e a todos os povos. As pequenas nuances que ele acaso tome de empréstimo a um gênero colateral serão insignificantes demais para o descaracterizarem; são pedaços de tecido que cobrem apenas alguns lugares, deixando desnudas as partes importantes.

O senhor vê que a tragicomédia só pode ser um mau gênero, porque ali se confundem dois gêneros distantes e separados por uma barreira natural. Não se passa de um a outro por meio de nuances imperceptíveis. Esbarra-se a cada passo nos contrastes e a unidade desaparece.

O senhor vê que esta espécie de drama, no qual os traços mais agradáveis do gênero cômico estão lado a lado com os traços mais tocantes do gênero sério e onde se salta alternadamente de um gênero a outro, não carecerá de defeitos aos olhos de um crítico severo.

Mas o senhor quer se convencer do perigo que há em ultrapassar a barreira que a natureza ergueu entre os gêneros? Proceda por exagero: aproxime dois gêneros tão afastados quanto a tragédia e o burlesco; e verá, alternadamente, um grave senador desempenhar aos pés de uma cortesã o papel do libertino mais vil e conspiradores tramarem a ruína de uma república[*6].

A farsa, a parada e a paródia não são gêneros, mas espécies do cômico ou do burlesco, que têm um objeto particular.

Elaborou-se cem vezes a poética do gênero cômico e a do gênero trágico. O gênero sério também tem a sua; e essa poética seria tão extensa quanto as outras. Mas não lhe direi a respeito nada além do que o que se apresentou a meu espírito, enquanto trabalhava em minha peça.

Visto que esse gênero não tem o vigor do colorido dos gêneros extremos entre os quais está situado, não se deve negligenciar nada do que lhe pode atribuir força.

O tema deve ser importante e a trama simples, doméstica e próxima da vida real.

Nada de criados: as pessoas de bem não admitem que eles se imiscuam nos seus assuntos; e se as cenas se passarem todas entre os patrões, elas só terão a ganhar em interesse. Se, em cena, um criado fala como na realidade, ele se torna maçante; se fala de outro modo, ele se torna falso.

Os matizes tomados de empréstimo ao gênero cômico são fortes demais? A obra fará rir e chorar; e não haverá mais nem unidade de interesse nem unidade de colorido.

* Ver *A Salvação de Veneza*, de Thomas Otway; *Hamlet*, de Shakespeare e a maior parte da peças do teatro inglês. (N. do A.)

6. Alusão às cenas 1 e 2 do Ato III da peça de Otway (*Venice Preserved or a Plot Discovered*, publicada e representada em 1682), nas quais se vêem, sucessivamente, o senador Antônio aos pés da cortesã Aquilina e, em seguida, os conspiradores. (Em português, ver T. Otway, *A Salvação de Veneza*. Tradução de António M. Feijó, Lisboa: Edições Cotovia, 1997.)

O gênero sério comporta monólogos; donde concluo que ele tende mais para a tragédia que para a comédia; gênero no qual eles são raros e curtos.

Seria perigoso tomar de empréstimo, numa mesma composição, matizes do gênero cômico e do gênero trágico. Conheça bem a vertente de seu assunto e de seus personagens e siga-a.

Que sua moral seja geral e forte.

Nada de personagens episódicos; ou, se a intriga exige algum assim, que ele tenha um caráter singular que o distinga.

É preciso ocupar-se intensamente da pantomima; deixar de lado golpes teatrais cujo efeito é momentâneo, e encontrar quadros. Quanto mais se olha um belo quadro, mais ele agrada.

O movimento quase sempre prejudica a dignidade. Portanto, que seu protagonista raramente seja o maquinista de sua peça.

E, sobretudo, lembre-se de que não há princípio geral; não há nenhum, entre os que acabei de enumerar, que um homem de gênio não possa infringir com sucesso.

Eu – O senhor tirou-me as palavras da boca.

Dorval – O gênero cômico é o das espécies, e o gênero trágico é o dos indivíduos. Explico-me. O herói de uma tragédia é tal ou tal homem; é Regulus ou Brutus, ou Catão; e nenhum outro. O principal personagem de uma comédia deve, ao contrário, representar um grande número de homens. Se, por acaso, lhe fosse atribuída uma fisionomia tão particular que houvesse na sociedade apenas um único homem que se lhe assemelhasse, a comédia voltaria à infância e degeneraria em sátira.

Terêncio me parece ter incorrido uma vez neste erro. Seu *Heautontimorumenos* é um pai aflito pela decisão violenta à qual levou seu filho por um excesso de severidade, e disso ele se pune cobrindo-se de trapos, alimentando-se parcamente, evitando todo convívio, dispensando os criados e condenando-se a cultivar a terra com as próprias mãos. Pode-se dizer que esse pai não existe na natureza. Uma grande cidade ao longo de um século ofereceria talvez um único exemplo de uma aflição tão bizarra.

EU – Horácio, cujo gosto era de uma delicadeza singular, parece-me ter se apercebido desse erro e tê-lo criticado rapidamente.

DORVAL – Não me lembro do trecho.

EU – É na sátira primeira ou segunda do primeiro livro, onde ele se propõe a mostrar que, para evitar um excesso, os loucos se precipitam no excesso oposto. Fufidius[7], diz ele, teme passar por dissipador. Sabe o que ele faz? Empresta a cinco por cento ao mês e se paga adiantadamente. Quanto mais endividado está um homem, mais ele exige; ele sabe de cor os nomes de todos os filhos de família que começam a freqüentar a sociedade, e que têm pais severos. Mas o senhor pensaria talvez que esse homem gaste em função do que ganha. Errado. Ele é o mais cruel inimigo de si próprio; e aquele pai da comédia, que se pune pela fuga do filho, não poderia se atormentar de forma pior: *Non se pejus cruciaverit*[8].

DORVAL – Sim, nada é mais típico desse autor do que ter atribuído a esse *pior* dois sentidos: um recai sobre Terêncio, outro sobre Fufidius.

No gênero sério, os personagens serão, com freqüência, tão gerais quanto no gênero cômico; mas serão sempre menos individuais que no gênero trágico.

Diz-se às vezes: "Passou-se uma aventura muito divertida na corte; um acontecimento muito trágico na cidade"[9]. Daí se segue que a comédia e a tragédia são de todas as categorias sociais,

7. Fufidius, célebre usurário romano, é, realmente, comparado por Horácio em uma *Sátira*, ao *Heautontimorumenos*, de Terêncio.

8. Horácio, *Sátiras*, I, 2, v. 22. O trecho é o seguinte: "Vix credere possis quam sibi non sit amicus, ita ut pater ille, Terenti fabula quem miserum gnato vixisse fugato inducit, non se pejus cruciaverit atque hic" (Ele? Você mal acreditaria o quanto ele é inimigo de si mesmo, a ponto de torturar-se ainda mais cruelmente do que aquele pai que a comédia de Terêncio nos representa, vivendo de forma extremamente infeliz por ter reduzido o filho ao exílio.)

9. Diderot procura justificar o gênero sério desmontando a correspondência obrigatória entre tragédia e ações elevadas que se desenrolam na corte, e entre comédia e ações de âmbito doméstico que ocorrem na cidade, reordenando esses elementos no novo gênero que propõe.

com a seguinte diferença: a dor e as lágrimas são mais freqüentes sob os tetos dos súditos que a jovialidade e a alegria nos palácios dos reis. O que torna uma peça cômica, séria ou trágica é menos o tema e mais o tom, as paixões, os personagens e o interesse. Os efeitos do amor, do ciúme, do jogo, da vida desregrada, da ambição, do ódio, da inveja podem fazer rir, refletir ou tremer. Um ciumento que toma providências para se assegurar de sua desonra é ridículo; um homem honrado que suspeita e que ama, aflige-se com isso; um celerado que tem certeza de ser traído pode cometer um crime. Um jogador levará a um usurário o retrato de sua amada, um outro jogador comprometerá e dissipará sua fortuna, lançará a mulher e os filhos na miséria e entrará em desespero. Que posso dizer-lhe além disso? A peça da qual falamos foi feita praticamente nos três gêneros.

Eu – Como assim?

Dorval – Claro.

Eu – Que coisa estranha.

Dorval – Clairville tem boa índole, mas é impetuoso e um pouco superficial. Realizados seus sonhos, feliz possuidor de Rosali, esqueceu os sofrimentos passados. Não viu na nossa história nada além de uma aventura corriqueira. Fez piada com ela. Chegou mesmo a parodiar o terceiro ato da peça. Sua obra era excelente. Ele tinha exposto meus problemas sob uma óptica totalmente cômica. Eu ri; mas, no íntimo, fiquei ofendido por Clairville ter ridicularizado uma das ações mais importantes de nossa vida: porque, na realidade, houve um momento que podia ter custado a ele a sua fortuna e a sua noiva; a Rosali, a inocência e a lisura de seu coração; a Constance, o sossego; a mim, a honestidade e talvez a vida. Vinguei-me dele transformando em tragédia os três últimos atos da peça; e posso assegurar que eu o fiz chorar por mais tempo do que ele me havia feito rir.

Eu – E seria possível ver esses trechos?

Dorval – Não. Não é uma recusa. É que Clairville queimou o ato que escreveu e eu só tenho o roteiro dos meus.

Eu – E esse roteiro?

DORVAL – Se o senhor fizer questão, posso lhe dar. Mas pense um pouco. O senhor tem a alma sensível. O senhor me estima; e esta leitura poderá causar-lhe impressões que o senhor terá dificuldade de esquecer.

EU – Dê-me o roteiro trágico, Dorval, dê-me.

Dorval tirou do bolso algumas folhas soltas, que me estendeu, desviando o rosto, como se tivesse medo de olhá-las, ainda que de relance; e eis o que elas continham:

Rosali, sabendo, no terceiro ato, do casamento de Dorval e Constance, e persuadida de que Dorval é um amigo pérfido, um homem sem palavra, toma uma decisão violenta: revelar tudo. Ela vê Dorval; trata-o com o maior desprezo.

DORVAL – Não sou um amigo pérfido, um homem sem palavra; sou Dorval. Sou um infeliz.

ROSALI – Diga antes: um miserável... Não me fez acreditar que me amava?

DORVAL – Eu a amava, e amo-a ainda.

ROSALI – Ele me amava! Ele me ama! E casa com Constance! Deu a palavra ao irmão dela! e a união se consuma hoje!... Vá embora, espírito perverso. Afaste-se! Permita à inocência que habite uma morada de onde o senhor a baniu. A paz e a virtude para cá retornarão assim que o senhor partir daqui. Desapareça! A vergonha e o remorso, que jamais deixam de alcançar o homem mau, esperam pelo senhor à porta.

DORVAL – Arrasam-me! Escorraçam-me! Sou um celerado! Ó virtude! essa é, então, tua derradeira recompensa!

ROSALI – Ele contava, com certeza, que eu me calaria... Não, não... tudo será revelado... Constance terá pena de minha inexperiência, de minha juventude... Ela encontrará em seu coração a desculpa e o perdão para mim... Ó Clairville! quanto será preciso que eu te ame para expiar minha injustiça e reparar os males que te fiz!... Mas está próximo o momento em que o perverso será desmascarado.

DORVAL – Jovem imprudente, pare ou vai tornar-se culpada pelo único crime que terei cometido, se é que é um crime lançar para longe de si um fardo que não se consegue mais carregar... Mais uma palavra, e acreditarei que a virtude não passa de um fantasma inútil; que a vida é apenas um presente fatal do destino; que não há felicidade; que o repouso só existe debaixo da terra; e minha vida terá chegado ao fim.

Rosali se afastou. Não o ouve mais. Dorval se vê desprezado pela única mulher que ama, a única que amou em toda a sua vida; exposto ao ódio de Constance, à indignação de Clairville; a ponto de perder os únicos seres que o ligavam ao mundo, e de recair na solidão do universo... Para onde irá?... a quem se dirigirá? a quem amará?... quem o amará?... O desespero se apodera de sua alma: ele sente desgosto pela vida. Inclina-se para a morte. É o tema de um monólogo que conclui o terceiro ato. Desde o fim desse ato, ele não fala mais com seus criados. Ele lhes dá ordens por meio de gestos; e eles obedecem.

Rosali executa seu projeto no começo do quarto ato. Qual não é a surpresa de Constance e de seu irmão! Eles não ousam ver Dorval; e Dorval também não ousa vê-los. Eles se evitam. Fogem uns dos outros; e Dorval se encontra, de repente e naturalmente, no abandono geral que temia. Seu destino se cumpre. Ele se apercebe disso; e eis que decide ir ao encontro da morte que o atrai. Charles, seu criado, é o único ser que lhe resta no universo. Charles adivinha a funesta intenção de seu amo. Comunica a todos na casa o seu pavor. Corre até Clairville, Constance, Rosali. Fala. Eles ficam consternados. Na mesma hora, os interesses particulares desaparecem. Procuram aproximar-se de Dorval. Mas é tarde demais. Dorval não ama nem odeia mais ninguém, não fala mais, não vê mais, não ouve mais. Sua alma, como que embrutecida, não é mais capaz de sentimento algum. Ele luta um pouco contra esse estado tenebroso; mas debilmente, por curtos ímpetos, sem força e sem resultado. É esse o seu estado no começo do quinto ato.

Esse ato se abre com Dorval sozinho, caminhando a esmo pela cena, sem nada dizer. Percebe-se por seus trajes, sua atitude, seu silêncio, a intenção de deixar a vida. Clairville entra; exorta-o a viver; lança-se a seus joelhos; abraça-os; insta com ele, recorrendo aos mais honestos e ternos argumentos, para que aceite Rosali. Isso só o torna mais cruel. Essa cena apressa o fim de Dorval. Clairville não consegue arrancar-lhe mais que alguns monossílabos. O restante da ação de Dorval se processa em silêncio.

Constance chega. Junta seus esforços aos do irmão. Diz a Dorval o que de mais patético ela pensa sobre a resignação diante dos fatos; sobre o poder do Ser supremo, poder ao qual é um crime subtrair-se; sobre o oferecimento de Clairville etc. Enquanto fala, Constance toma entre os seus um dos braços de Dorval; e Clairville abraça a cintura do amigo, como se tivesse medo de que ele escapasse. Mas Dorval, ensimesmado, nem percebe que o amigo o abraça, não ouve o que Constance lhe diz. A única coisa que faz é, de quando em quando, inclinar-se sobre eles para chorar. Mas as lágrimas não vêm. Então ele se afasta; suspira profundamente, faz alguns gestos lentos e terríveis; vêem-se, em seus lábios, movimentos de um riso efêmero, mais apavorante que seus suspiros e seus gestos.

Rosali chega. Constance e Clairville se retiram. É uma cena de timidez, ingenuidade, lágrimas, dor e arrependimento. Rosali vê todo o mal que fez. Está desolada. Premida pelo amor e pelo interesse que sente por Dorval, pelo respeito que deve a Constance, pelos sentimentos que não pode recusar a Clairville, quantas coisas comoventes ela diz! Primeiro Dorval parece não a ver nem ouvir. Rosali grita, toma-lhe as mãos, faz com que pare: e chega um momento em que Dorval fixa nela os olhos perdidos. Seu olhar é o de um homem que desperta de um sono letárgico. Esse esforço o aniquila. Cai numa poltrona, como um homem ferido. Rosali se retira soluçando, desesperada, arrancando os cabelos.

Dorval fica um instante nesse estado vizinho da morte; Charles está de pé, diante dele, sem nada dizer… Seus olhos estão semicerrados. Os longos cabelos pendem sobre o encosto da poltrona. Sua boca está entreaberta, a respiração ruidosa e o peito arfante. Essa agonia vai passando pouco a pouco. Ele se recobra com um longo e doloroso suspiro, com uma voz lamentosa. Apóia a cabeça nas mãos e os cotovelos nos joelhos. Levanta-se com dificuldade. Perambula a passos lentos. Encontra Charles. Segura-o pelo braço, olha-o um momento, tira o dinheiro[10] e o relógio e dá tudo a ele, juntamente com um papel lacrado, sem endereço e faz-lhe sinal para que saia. Charles se joga a seus pés com o rosto no chão. Dorval o deixa ali e continua a andar a esmo. Ao caminhar, tropeça em Charles estendido no chão. Desvia-se... Então Charles se levanta subitamente, deixa o dinheiro e o relógio no chão e corre para chamar ajuda.

Dorval o segue lentamente... Apóia-se por acaso contra a porta... Vê um ferrolho... Olha-o... fecha... saca a espada... apóia o punho dela no chão... posiciona a ponta na direção de seu peito... inclina o corpo de lado... eleva os olhos para o Céu... volta-os sobre si... permanece assim algum tempo... suspira profundamente e deixa-se cair.

Charles chega. Encontra a porta fechada. Grita. Acorrem. Forçam a porta. Encontram Dorval imerso no próprio sangue e morto. Charles volta gritando. Os demais criados ficam em torno do cadáver. Constance chega. Chocada com o espetáculo, grita, corre desvairada pela cena, sem saber muito o que diz, o que faz, nem aonde vai. Retiram o cadáver de Dorval. Enquanto isso, Constance, voltada para o lugar da cena sangrenta, fica imóvel numa poltrona, cobrindo o rosto com as mãos.

Chegam Clairville e Rosali. Encontram Constance nesse estado. Interrogam-na. Ela se cala. Eles insistem. Como única resposta, ela descobre o rosto, desvia a cabeça e mostra com a mão o lugar tingido pelo sangue de Dorval.

10. No original, *bourse*: saquinho de tecido em que se guardavam as moedas.

Então sobrevêm gritos, choro, silêncio e gritos.

Charles entrega a Constance o envelope lacrado. Ali estão a vida e as últimas vontades de Dorval. Mas mal ela lê as primeiras linhas, Clairville sai como um possesso; Constance o segue. Justine e os criados levam Rosali que está passando mal; e a peça acaba.

Ah!, exclamei, ou não entendo nada ou estou diante de uma tragédia! Na verdade, não é mais a provação da virtude, é seu desespero. Talvez fosse até perigoso mostrar o homem de bem reduzido a este termo funesto, não? Mas sente-se aí também a força da pantomima isoladamente e da pantomima somada ao discurso. Essas são as belezas que perdemos por não termos uma verdadeira cena e não termos audácia, imitando servilmente nossos predecessores e voltando as costas à natureza e à verdade... Mas Dorval não fala nada?... Mas será que há palavras que comovam tanto quanto sua ação e seu silêncio?... Dá para fazer com que ele diga algumas palavras de quando em quando. Isso é possível. Mas não se deve esquecer que quem fala muito raramente se mata.

Levantei-me. Fui ao encontro de Dorval. Ele vagava entre as árvores e parecia-me absorto em seus pensamentos. Achei que convinha guardar seu texto e ele não me pediu de volta os papéis.

Se o senhor está convencido, disse-me ele, de que seja uma tragédia, e de que exista entre a tragédia e a comédia um gênero intermediário, então estamos diante de dois ramos do gênero dramático ainda incultivados e que apenas esperam pelos autores. Faça comédias no gênero sério; faça tragédias domésticas e tenha certeza de que lhe estão reservados aplausos e imortalidade. Sobretudo, deixe de lado os golpes teatrais. Procure quadros; aproxime-se da vida real e tenha, antes de mais nada, um espaço que permita o exercício da pantomima em toda a sua amplitude... Dizem que não há mais grandes paixões trágicas a despertar; que é impossível apresentar os sentimentos elevados de maneira nova e tocante. Talvez isso ocorra na tragédia tal como foi composta pelos gregos, pelos romanos, pelos franceses, pelos italianos, pelos ingleses e por todos os povos da terra. Mas a tragédia doméstica terá uma outra ação, um outro tom e uma sublimidade que lhe será própria. Eu sinto essa sublimidade; ela está nestas palavras que um pai dizia ao filho que o alimentava na velhice: "Meu filho, estamos quites. Dei-te a vida; e tu ma devolveste". E nestas, que outro pai dizia ao filho: "Dize sempre a verdade. Não prometas a ninguém aquilo que não pretendes cumprir. Eu te conjuro por estes pés que eu aquecia entre minhas mãos quando estavas ainda no berço".

Eu – Mas essa tragédia vai-nos interessar?

Dorval – Eu é que lhe pergunto. Ela está mais próxima de nós. É o quadro das desventuras que nos cercam. O quê! o senhor não imagina o efeito que produziriam sobre o senhor uma cena real, roupas de verdade, discursos compatíveis com as ações, ações simples, perigos que com certeza fariam o senhor tremer por seus parentes, seus amigos e pelo senhor mesmo? Uma reviravolta da fortuna; o medo da ignomínia; as conseqüências da miséria; uma paixão que leva o homem à ruína, da ruína ao desespero, do desespero à morte violenta, não são acontecimentos raros; e o senhor acha que eles não o afetariam tanto quanto a morte lendária de um tirano ou o sacrifício de uma criança nos altares dos deuses de Atenas ou de Roma?... Mas o senhor está distraído... O senhor devaneia... Não está escutando o que eu digo.

Eu – Seu esboço trágico não me sai da cabeça... Eu o vejo andando a esmo em cena... desviando os pés do criado prosternado... passando o ferrolho... desembainhando a espada... A idéia dessa pantomima me faz estremecer. Não acredito que ela sustentasse o espetáculo; e toda essa ação talvez seja do tipo que é melhor transformar em narração. Reflita.

Dorval – Acho que não se deve nem recitar nem mostrar ao espectador um fato desprovido de verossimilhança; e que entre as ações verossímeis é fácil distinguir aquelas que devem ser mostradas e aquelas que devem passar-se fora de cena. Tenho que aplicar minhas idéias às tragédias que conhecemos; não posso tirar meus exemplos de um gênero que ainda não existe entre nós.

Quando uma ação é simples, acho que é melhor representá-la do que narrá-la. A visão de Maomé com o punhal suspenso sobre o seio de Irene[11], indeciso entre a ambição que o incita a apunhalá-la e a paixão que retém seu braço, é um quadro tocante. A comiseração que sempre faz com que nos coloquemos no lugar do infeliz, e jamais no do perverso, agitará minha alma. Não será sobre o peito de Irene, mas sobre o meu, que verei o punhal suspenso e vacilante... Essa ação é simples demais para ser mal imitada. Mas se a ação se complica, se os incidentes se multiplicam, haverá sempre alguns que me farão recordar que estou na platéia; que todos os personagens são atores e que não é um fato verídico o que se passa. A narração, ao contrário, conseguirá transportar-me para além da cena. Serei capaz de acompanhar todas as circunstâncias. Minha imaginação vai concretizá-las como as vi na natureza. Nada será desmentido. O poeta dirá:

> Entre os dois grupos, então, Calcas se adiantou –
> O cabelo eriçado, ar sombrio, olhar de louco –
> Terrível e tomado pelo Deus que o possuía[12].

Ou

> ....vêem-se em gotejantes sarças
> Madeixas de cabelo em rubro sangue esparsas[13].

11. *Maomé II*, de La Noue, Ato V, cena 4, apresentada na Comédie-Française em 23 de fevereiro de 1739.

12. *Ifigênia*, de Racine, Ato V, cena 6, v. 1743-1745. Ver, em português, J. Racine, *Fedra, Ifigênia e Tebaida ou Os Irmãos Inimigos*, tradução de Ivo Bender. Porto Alegre: Mercado Aberto, 1999, p 167.

13. *Fedra*, de Racine, Ato V, cena 6, tradução de Jenny Klabin Segall, op. cit., p. 57.

Onde está o ator que me mostrará Calcas tal como ele é nesses versos? Grandval[14] avançará com passo nobre e altivo entre os dois grupos; terá o ar sombrio, talvez até o olhar de louco. Eu reconhecerei, pela ação, pelo gesto, a presença interior de um demônio que o atormenta. Porém, por mais terrível que ele seja, seus cabelos não se eriçarão sobre a cabeça. A imitação dramática não chega a tanto.

O mesmo acontecerá com a maior parte das outras imagens que animam esse relato. O ar enegrecido pelas lanças. Um exército em tumulto. A terra empapada de sangue. Uma jovem princesa com o punhal mergulhado em seu seio. Os ventos enfurecidos. O trovão ribombando nos ares. O céu iluminado por raios. O mar que espuma e ruge. O poeta pintou todas essas coisas; a imaginação as vê. A arte não as consegue imitar.

E há mais: um gosto dominante pela ordem, sobre o qual já lhe falei, leva-nos a estabelecer uma certa proporção entre os seres. Se alguma circunstância nos é apresentada acima da natureza ordinária, ela amplia o restante em nosso pensamento. O poeta nada disse a respeito da estatura de Calcas. Mas eu a vejo. Eu a torno proporcional à sua ação. O exagero intelectual desprende-se daí e se estende a tudo o que se aproxima desse objeto. A cena real pode ter sido pequena, fraca, mesquinha, falsa ou fracassada; ela se torna grande, forte, verdadeira e até enorme no relato. No palco, ela seria muito inferior à natureza; eu a imagino um pouco superior. É assim que, na epopéia, os homens poéticos se tornam um pouco maiores que os homens reais.

Aí estão os princípios. Aplique-os o senhor mesmo à ação de meu esboço trágico. A ação não é simples?

14. Charles Racot de Grandval (1711-1784) estreou na Comédie-Française em 1729, quando Quinault- Dufresne se aposentou, e lá permaneceu até 1761, quando Lekain assumiu seu lugar como primeiro ator trágico da companhia. Segundo Paul Vernière (Diderot, *Oeuvres Esthétiques*, op. cit., p. 150), apesar desse elogio de Diderot, ao ser consultado pelo Duque de Orléans, Grandval não hesitou em declarar que *O Filho Natural* era irrepresentável.

Eu – É.

Dorval – Há alguma circunstância que não se possa imitar no palco?

Eu – Nenhuma

Dorval – O efeito não será terrível?

Eu – Até demais, talvez. Quem sabe se iríamos buscar no teatro impressões assim tão fortes? Queremos nos enternecer, comover-nos; sentir medo, mas até certo ponto.

Dorval – Para poder julgar em sã consciência, vamos por partes. Qual é o objeto de uma composição dramática?

Eu – Acho que é inspirar aos homens o amor à virtude e o horror ao vício.

Dorval – Então, dizer que não se deve emocioná-los além de um certo ponto é afirmar que não é necessário que saiam de um espetáculo entusiasmados demais pela virtude, afastados demais do vício. Não haveria poética alguma para um povo tão pusilânime. O que seria do gosto e da arte se nós nos furtássemos à sua energia e erguêssemos barreiras arbitrárias contra seus efeitos?

Eu – Eu teria ainda algumas perguntas a respeito da natureza do trágico doméstico e burguês, como o senhor o denomina; mas já intuo suas respostas. Se eu lhe perguntasse por que, no exemplo que me deu, não há cenas alternadamente mudas e faladas, o senhor responderia, sem dúvida, que nem todos os assuntos comportam esse gênero de beleza.

Dorval – É verdade.

Eu – Mas quais serão os temas do cômico sério, que o senhor considera como um ramo novo do gênero dramático? Não há, na natureza humana, mais que uma dúzia, no máximo, de caracteres verdadeiramente cômicos e marcados por grandes traços.

Dorval – Concordo.

Eu – As pequenas diferenças observadas entre os caracteres dos homens não podem ser manejadas com tanta propriedade quanto os caracteres bem definidos.

DORVAL – Concordo. Mas o senhor sabe o que decorre daí?... Que não são mais, na verdade, os caracteres que é preciso pôr em cena, mas as condições. Até hoje, na comédia, o caráter tem sido o objeto principal e a condição não passou de acessório; é preciso que, a partir de agora, a condição se torne o objeto principal e o caráter seja apenas o acessório. Era do caráter que se tirava toda a trama. Procuravam-se, em geral, circunstâncias que o ressaltassem e depois elas eram encadeadas. A condição, seus deveres, suas vantagens, suas complicações é que devem servir de base à obra. Parece-me que esse manancial é mais fecundo, mais amplo e mais útil que o dos caracteres. Por menos que o caráter fosse exagerado, um espectador podia dizer a si próprio: "não sou eu". Mas ele não tem como ignorar que a situação que está sendo apresentada diante dele seja a sua; ele não pode desconhecer seus deveres. É absolutamente indispensável que ele aplique a si mesmo o que ouve.

EU – Parece-me que vários desses assuntos já foram tratados.

DORVAL – Não é verdade. Não se engane.

EU – Mas já não apareceram financistas[15] em nossas peças?

DORVAL – Claro, mas o financista não está elaborado.

EU – Seria difícil citar uma peça na qual não apareça um pai de família.

DORVAL – Concordo; mas o pai de família não está elaborado. Eu resumo, eu lhe pergunto se os deveres das condições, suas vantagens, seus inconvenientes, seus perigos foram postos em cena. Se são a base do enredo e da moral de nossas peças. Em seguida, se esses deveres, essas vantagens, esses inconvenientes, esses perigos não nos mostram, todos os dias, os homens em situações bastante constrangedoras.

15. No original, *financier*: aquele que, no Antigo Regime, trabalhava na área das finanças públicas. Só a partir da segunda metade do século XVIII o sentido propriamente capitalista do termo entra em uso.

Eu – Então, o senhor gostaria que se representasse o homem de letras, o filósofo, o comerciante, o juiz, o advogado, o político, o homem da cidade[16], o magistrado, o financista, o grande proprietário, o intendente.

Dorval – Acrescente a isso todas as relações: o pai de família, o marido, a irmã, os irmãos. O pai de família! Que tema num século como o nosso, quando não se parece ter a menor idéia do que seja um pai de família!

Imagine que todos os dias formam-se condições novas. Imagine que nada, talvez, nos seja menos conhecido do que as condições e que nada deveria interessar-nos mais do que elas. Cada um de nós tem sua condição social; mas lidamos com pessoas de todas as condições.

As condições! Quantos detalhes importantes! quantas ações públicas e privadas! quantas verdades desconhecidas! quantas novas situações podem ser retiradas desse cabedal! E as condições não mantêm entre si os mesmos contrastes que os caracteres? e o poeta não poderá opô-los entre si?

Mas esses temas não são exclusivos do gênero sério. Eles vão se tornar cômicos ou trágicos segundo o gênio do homem que se apossar deles.

A vicissitude dos ridículos e dos vícios é tal, que acho que se poderia fazer um novo *Misantropo* a cada cinqüenta anos. E não ocorre o mesmo com muitos outros caracteres?

Eu – Essas idéias não me desagradam. Estou disposto a ouvir a primeira comédia do gênero sério ou a primeira tragédia burguesa que for representada. Agrada-me que se amplie a esfera de nossos prazeres. Aceito os novos recursos que o senhor nos oferece; mas preserve aqueles de que já dispomos. Eu lhe confesso que sou muito apegado ao gênero maravilhoso. Sofro ao vê-lo confundido com o gênero burlesco e escorraçado do sistema da natureza e do gênero dramático.

16. No original, *citoyen*: aquele que tem direito de cidade.

Quinault[17] colocado ao lado de Scarron[18] e de Dassouci[19]: Ah, Dorval, Quinault!

DORVAL – Ninguém lê Quinault com mais prazer do que eu. É um poeta cheio de encantos, sempre comovente, simples e freqüentemente elevado. Espero mostrar um dia ao senhor até onde vão meu conhecimento e minha estima pelos talentos desse homem único, e o partido que se poderia ter tirado de suas tragédias, tais como são. Mas é o gênero que ele pratica que eu considero ruim. O senhor me entrega, então, o mundo burlesco. E o mundo encantado? O senhor o conhece melhor do que o burlesco? A que o senhor compara as pinturas que se fazem dele, se elas não dispõem de nenhum modelo na natureza?

O gênero burlesco e o gênero maravilhoso não têm poética, e não podem mesmo ter. Se se arrisca, na cena lírica, algo de novo, normalmente é um disparate que não se sustenta a não ser por ligações mais ou menos afastadas com um disparate anterior. O nome e os talentos do autor também têm alguma influência. Molière acende velas em torno da cabeça do burguês fidalgo; é uma extravagância que não denota bom senso; aceitamos e rimos. Um outro autor imagina homens que vão diminuindo de tamanho a cada besteira que fazem[20]. Há nessa ficção uma alegoria sensata; mas o autor é vaiado. Angélica se torna invisível diante de seu amado, pelo poder de um anel que não a esconde de nenhum dos espectadores[21]; e este artifí-

17. Philippe Quinault (1635-1688) foi autor dramático e libretista de Lully, desde *Alceste* (1664) até *Armide* (1686).

18. Paul Scarron (1610-1660), autor de poesias burlescas e de comédias (*Jodelet*, *Don Japhet d'Arménie*, entre outras). Autor de *Le Roman comique*, obra picaresca na qual descreve as aventuras e desventuras de uma companhia de atores mambembes.

19. Charles Coypeau, conhecido como d'Assoucy (1605-1677), poeta errante, foi o principal representante do gênero burlesco com seu *Ovide en belle humeur* (1650).

20. Marivaux, *L'Île de la raison* ou *Les Petis hommes* (1727).

21. Em *Roland*, de Quinault, (1685), inspirada em Ariosto, Angélica se torna invisível a seu amado graças a um anel mágico que ela põe na boca.

cio ridículo não choca ninguém. Se se puser na mão de um homem perverso um punhal com o qual ele ataca seus inimigos, ferindo, no entanto, apenas a si mesmo, será um bom castigo para a maldade, porém nada é mais incerto do que o sucesso desse punhal maravilhoso.

Na minha opinião, essas invenções dramáticas se parecem muito com os contos de fadas com que se ninam as crianças. Será que se pensa que, de tanto embelezá-los, eles vão adquirir verossimilhança suficiente para interessar a homens sensatos? A heroína de *Barba Azul* está encerrada no alto de uma torre; ouve, ao pé da torre, a voz terrível de seu tirano. Ela perecerá, caso seu libertador não apareça. A irmã está a seu lado; seus olhos procuram ao longe esse libertador. Muita gente acredita, não é mesmo?, que essa situação seja tão bela quanto qualquer outra do teatro lírico e que a pergunta "Minha irmã, não vês ninguém se aproximar?" não seja desprovida de patético. Por que, então, ela não comove um homem maduro na mesma medida em que faz chorar as crianças pequenas? É que há um Barba Azul que destrói todo o efeito.

EU – E o senhor acha que não há nenhuma obra, quer no gênero burlesco, quer no maravilhoso, na qual não sejam encontrados fios dessa barba?

DORVAL – Acho que não há; mas a expressão que o senhor utilizou não me agrada; ela é burlesca e o burlesco me desagrada onde quer que apareça.

EU – Vou tentar reparar meu erro por meio de alguma observação mais séria. Os deuses do teatro lírico não são os mesmos da epopéia? Então, diga-me, por favor, por que Vênus não pode, em cena, desesperar-se com a morte de Adonis, mas pode, na *Ilíada*, gritar devido ao ligeiro arranhão que a lança de Diomedes lhe causou[22], ou suspirar olhando o ponto de sua bela e alva mão, onde a pele ferida começava a ficar

22. Homero, *Ilíada*, Canto V, v. 336-340.

escura[23]? Não é um belo quadro, no poema de Homero, Vênus, aos prantos, abraçada à sua mãe Dione[24]? Por que esse quadro agradaria menos numa composição lírica?

DORVAL – Alguém mais hábil do que eu responderia que os ornamentos da epopéia, adequados aos gregos, aos romanos, aos italianos dos séculos XV e XVI, estão proscritos entre os franceses; e que os deuses da fábula, os oráculos, os heróis invulneráveis, as aventuras romanescas caíram em desuso.

E acrescentarei que há muita diferença entre pintar para a minha imaginação e pôr em ação diante de meus olhos. É possível fazer minha imaginação aceitar tudo o que se quiser; basta conquistá-la. Mas não ocorre o mesmo com os meus sentidos. Lembre-se dos princípios que estabeleci, há pouco, sobre as coisas, mesmo verossímeis, que convinha mostrar ou ocultar ao espectador. As mesmas distinções que estabeleci se aplicam mais severamente ainda ao gênero maravilhoso. Em uma palavra, se esse sistema não pode ter a verdade que convém à epopéia, como poderia interessar-nos em cena?

Para tornar patéticas as condições elevadas, é preciso fortalecer as situações. É o único meio de arrancar destas almas frias e retraídas a inflexão da natureza, sem a qual os grandes efeitos não são produzidos. Essa inflexão se enfraquece à medida que as condições se elevam. Escute Agamêmnon:

> Inda se eu pudesse, livre em minha desgraça,
> Com lágrimas, ao menos, a dor aliviar!
> Triste sina dos reis: escravos nós somos
> Dos rigores da sorte e da fala dos homens!
> Sitiados por olhares, sem cessar, nos vemos;
> E os mais infelizes é que ousam chorar menos![25]

23. Idem, v. 354.
24. Idem, v. 370-372.
25. Racine, *Ifigênia*, Ato I, cena 5, v. 363-368. Cf. a tradução de Ivo Bender, op. cit., p. 112.

Os deuses devem respeitar a si mesmos menos que os reis? Se Agamêmnon, cuja filha está para ser imolada, teme faltar à dignidade de sua posição, que situação fará Júpiter descer da sua?

Eu – Mas a tragédia antiga está cheia de deuses; e é Hércules quem encerra a famosa tragédia *Filoteto*, que o senhor considera irretocável.

Dorval – Aqueles que primeiro se dedicaram a um estudo aprofundado da natureza humana empenharam-se, de início, em distinguir as paixões, conhecê-las, caracterizá-las. Um homem elaborou a seu respeito idéias abstratas: era um filósofo. Um outro deu corpo e movimento à idéia: era um poeta. Um terceiro talhou o mármore à semelhança dessa idéia: era um escultor. Um quarto fez com que o escultor se prosternasse aos pés de sua obra: era um sacerdote. Os deuses do paganismo foram feitos à semelhança do homem. O que são os deuses de Homero, Ésquilo, Eurípides e Sófocles? Os vícios dos homens, suas virtudes e os grandes fenômenos da natureza personificados, essa é a verdadeira teogonia; esse é o ponto de vista a partir do qual é preciso observar Saturno, Júpiter, Marte, Apolo, Vênus, as Parcas, o Amor e as Fúrias.

Quando um pagão era tomado por remorsos, pensava realmente que uma Fúria o roía por dentro: e que perturbação não devia experimentar diante da aparência desse fantasma percorrendo a cena com uma tocha na mão, a cabeça eriçada de serpentes e mostrando aos olhos do culpado as mãos tingidas de sangue! Mas nós, que conhecemos a inutilidade dessas superstições! Nós!

Eu – Pois então! Basta substituir as Eumênides por nossos demônios.

Dorval – Há muito pouca fé sobre a terra... e depois, nossos demônios têm uma forma tão gótica... de tão mau gosto... É surpreendente que seja Hércules quem conclui o *Filoteto* de Sófocles? Toda a trama da peça está baseada em suas flechas;

e Hércules tinha, nos templos, uma estátua aos pés da qual o povo se prosternava todos os dias.

Mas o senhor sabe qual foi a conseqüência da união da superstição nacional com a poesia? O poeta não pôde dar a seus heróis caracteres muito marcados. Ele teria tido que duplicar os seres; teria mostrado a mesma paixão sob a forma de um deus e sob a de um homem.

Essa é a razão pela qual os heróis de Homero são quase personagens históricos.

Mas quando a religião cristã escorraçou dos espíritos a crença nos deuses do paganismo, e obrigou o artista a buscar outras fontes de ilusão, o sistema poético mudou; os homens tomaram o lugar dos deuses e deram-lhes um caráter mais uniforme.

Eu – Mas a unidade de caráter tomada rigorosamente a sério não é uma quimera?

Dorval – Sem dúvida.

Eu – Abandonou-se então a verdade?

Dorval – De forma alguma. Lembre-se de que, em cena, trata-se de uma única ação, de uma circunstância da vida, de um período muito curto durante o qual é verossímil que um homem conserve seu caráter.

Eu – E na epopéia, que abarca uma grande parte da vida, uma quantidade prodigiosa de acontecimentos diferentes, situações de todo tipo, como se deve pintar os homens?

Dorval – Parece-me que há grande vantagem em mostrar os homens tais como são. O que eles deveriam ser é uma coisa sistemática demais e vaga demais para servir de base para uma arte de imitação. Não há nada mais raro que um homem completamente mau, a não ser, talvez, um homem completamente bom. Quando Tétis[26] mergulhou seu filho no Estige, ele

26. Tétis: a mais célebre das Nereidas, esposa de Peleu e mãe de Aquiles, que ela mergulhou no Estige, um dos rios do inferno, tornando-o assim invulnerável, salvo nos tornozelos, por onde ela o segurou. Ferido ali por uma flecha, Aquiles sucumbiu.

saiu semelhante a Tersites[27] pelo calcanhar. Tétis é a imagem da natureza.

Aqui Dorval parou. Em seguida, prosseguiu: "As únicas belezas duráveis são as que estão fundadas sobre as relações com os seres da natureza. Se imaginássemos os seres numa vicissitude rápida, qualquer pintura que represente apenas um instante fugaz, qualquer imitação, seria supérflua. As belezas têm nas artes o mesmo fundamento que as verdades na filosofia. O que é a verdade? A conformidade de nossos juízos com os seres. O que é a beleza da imitação? A conformidade da imagem com a coisa.

Temo que nem os poetas, nem os músicos, nem os cenógrafos, nem os bailarinos tenham uma idéia verdadeira a propósito de seu teatro. Quando o gênero lírico é ruim, é o pior de todos os gêneros. Quando é bom, é o melhor. Mas como pode ser bom, se não se propõe à imitação da natureza, e da natureza mais forte? De que adianta pôr em versos o que não valia a pena sequer ser concebido? E, em música, o que não valia a pena ser recitado? Quanto mais se gasta por conta de um patrimônio, mais importante é que ele seja sólido. Não seria prostituir a filosofia, a poesia, a música, a pintura, a dança, fazer com que se ocupem de uma coisa absurda? Cada uma dessas artes em particular tem como objetivo a imitação da natureza; e, para utilizar a magia de todas elas juntas, escolhe-se uma fábula! E a ilusão já não estará por demais afastada? E o que há de comum entre a metamorfose ou o sortilégio e a ordem universal das coisas, que deve sempre servir de base à razão poética? Homens de gênio[28] trouxeram, nos dias de hoje, a filosofia do mundo inteligível para o mundo real. Não encontraremos alguém que preste o mesmo serviço à poesia lírica e que a faça descer das regiões encantadas para a terra que habitamos?

27. Tersites: personagem da *Ilíada*, covarde e insolente.
28. Os empiristas ingleses.

Então não se dirá mais a respeito de um poema lírico que ele é uma obra chocante por causa do tema, que está fora da natureza; por causa dos protagonistas, que são imaginários, e do desenvolvimento, que muitas vezes não respeita nem unidade de tempo, nem unidade de lugar, nem unidade de ação e onde todas as artes de imitação parecem ter sido reunidas apenas para que umas enfraqueçam a expressão das outras.

Um sábio era outrora filósofo, poeta, músico. Esses talentos degeneraram ao se separarem. A esfera da filosofia se estreitou. As idéias desertaram da poesia. A força e a energia abandonaram os cânticos; e a sabedoria, privada desses órgãos, não mais se deu a ouvir aos povos com o mesmo encanto. Um grande músico e um grande poeta lírico reparariam todo o mal.

Aí está mais uma lacuna a preencher. Que se apresente o homem de gênio que deve levar ao teatro lírico a verdadeira tragédia, a verdadeira comédia. Que ele grite, como o profeta do povo hebreu em seu entusiasmo: *Adducite mibi psaltem*, "tragam-me um músico"[29], e ele o fará nascer.

O gênero lírico de um povo vizinho[30] tem, sem dúvida, defeitos, mas muito menos do que se pensa. Se o cantor se sujeitasse, na cadência, a imitar a inflexão inarticulada da paixão nas árias de sentimento, ou os principais fenômenos da natureza nas árias que formam quadro, e se o poeta soubesse que sua arieta deve ser a peroração da cena, a reforma estaria bem adiantada.

Eu – E o que aconteceria com nossos balés?

Dorval – A dança? A dança ainda está à espera de um homem de gênio. Ela é ruim em toda parte, porque ainda não se compreendeu totalmente que também ela é um gênero de

29. Segundo livro dos Reis, cap. 3, v. 15 (palavras de Eliseu: o músico com sua lira propiciará o milagre da chuva em plena seca, ao tempo da guerra contra os moabitas).

30. A Itália; alusão à Querela dos Bufões que, na França, de 1744 a 1754, opôs os partidários da música francesa, mais intelectual, aos partidários da música italiana, mais dramática. Diderot, como muitos dos filósofos, preferia a música italiana.

imitação. A dança está para a pantomima como a poesia para a prosa, ou antes, como a declamação natural está para o canto. É uma pantomima ritmada.

Eu gostaria muito que alguém me dissesse o que significam todas estas danças, como o minueto, o passa-pé[31], o rigodão[32], a alemã[33], a sarabanda[34], nas quais segue-se um percurso traçado. O dançarino se move com uma graça infinita; todos os seus movimentos são ágeis, suaves e nobres: mas o que é que ele imita? Isso não é saber cantar, é saber solfejar.

Uma dança é um poema. Esse poema deveria, pois, ter sua representação em separado. É uma imitação por meio de movimentos, que supõe a participação do poeta, do pintor, do músico e do mimo. Ela tem seu tema. Esse tema pode ser dividido em atos e cenas. A cena tem seu recitativo livre[35] ou obrigado[36], e sua arieta.

Eu – Confesso que só o entendo parcialmente e que não o entenderia de modo algum se não tivesse visto o folheto que apareceu há alguns anos. O autor, descontente com o balé final de *Le Devin du village*[37], propunha um outro, e, salvo engano, as idéias dele têm afinidade com as suas.

31. *Passe-pied*: dança bretã, de movimentos rápidos, em três tempos, semelhante ao minueto, porém mais animada, dançada em pares. Em voga do século XVII até meados do século XVIII.

32. *Rigaudon*: dança muito animada, a partir de uma ária em dois tempos, que esteve em moda nos séculos XVII e XVIII.

33. *Allemande*: dança de origem germânica, em dois tempos, dançada em pares e executada sob formas diversas, na França, entre os séculos XVI e XIX.

34. Sarabanda: dança de origem espanhola; de início, extremamente agitada, lentifica-se e passa a ser dançada em pares, na França, nos séculos XVII e XVIII.

35. Recitativo livre: espécie de canto cadenciado segundo a versificação e as inflexões da frase falada.

36. Recitativo obrigado: recitativo acompanhado pela orquestra e cujos intervalos de silêncio, necessários à respiração, são preenchidos apenas pela sinfonia.

37. *Le Devin du village* (O Adivinho do Vilarejo), intermédio de Jean-Jacques Rousseau, teve duas récitas em Fontainebleau, diante da corte, em 1752, e uma em Paris, pela Academia Real de Música, em 1753. Diderot alude ao balé da cena VIII, do qual participam camponeses e camponesas.

DORVAL – É possível.

EU – Um exemplo tornaria as coisas mais claras.

DORVAL – Um exemplo? Claro, podemos imaginar algo; deixe-me pensar.

Demos algumas voltas sem dizer palavra; Dorval pensava no exemplo sobre a dança e eu repassava em silêncio algumas de suas idéias. O exemplo que ele me deu foi, em linhas gerais, o seguinte: "É banal, disse-me ele; mas permite que eu aplique minhas idéias facilmente, como se ele fosse mais próximo da natureza e mais pitoresco:

Tema – Um camponesinho e uma jovem camponesa voltam dos campos ao cair do dia. Encontram-se num bosquezinho próximo a seu povoado e propõem-se a ensaiar uma dança que devem executar juntos no domingo seguinte, debaixo do grande olmo.

Primeiro Ato

PRIMEIRA CENA – O primeiro movimento deles é de surpresa agradável. Manifestam essa surpresa por uma *pantomima*.

Aproximam-se. Cumprimentam-se. O camponesinho propõe à jovem que ensaiem a dança. Ela lhe responde que já é tarde, que tem medo de que ralhem com ela. Ele insiste. Ela concorda. Pousam no chão seus instrumentos de trabalho. Temos aí um *recitativo*. Os passos simples e a pantomima não ritmada são o recitativo da dança. Eles ensaiam a dança. Recordam o gestual e os passos; erram; recomeçam; melhoram; aprovam o que fizeram; enganam-se; irritam-se; é um recitativo que pode ser interrompido por uma arieta de zanga. Cabe à orquestra falar: é ela que vai enunciar o discurso, imitar as ações. O poeta ditou à orquestra o que ela deve dizer; o músico escreveu; o pintor imaginou os quadros: compete ao mimo criar os passos e o gestual. Daí o senhor pode concluir facilmente que, se a dança não for escrita como um poema, se o poeta elaborou mal o texto, se não soube encontrar quadros agradáveis, se o bailarino não sabe representar, se a orquestra não sabe falar, tudo está perdido.

Cena ii – Enquanto eles estão ocupados com a dança, escutam-se sons apavorantes. Nossos jovens ficam preocupados. Param. Põem-se à escuta. O barulho cessa. Eles se tranqüilizam. Continuam. São outra vez interrompidos pelos mesmos sons. É um *recitativo* misturado a um pouco de *canto*. Segue-se uma pantomima da jovem camponesa que quer fugir e do jovem camponês que a retém. Ele apresenta suas razões. Ela não quer ouvir; tem lugar, então, um *duo* muito agitado.

Esse *duo* foi antecedido por um recitativo composto por pequenos movimentos do rosto, do corpo e das mãos dos jovens, que mostravam um para o outro o lugar de onde o ruído proveio.

A jovem camponesa deixou-se persuadir e eles estavam em pleno ensaio quando dois camponeses mais velhos, mascarados de um modo apavorante e cômico, avançam a passos lentos.

Cena iii – Esses camponeses mascarados executam, ao som de uma sinfonia surda, uma ação capaz de assustar crianças. A aproximação deles é um *recitativo*; a fala é um *duo*. Os dois jovens realmente se apavoram. Tremem da cabeça aos pés. O terror deles aumenta à medida que os espectros se aproximam. Então procuram escapar por todos os meios. Mas são retidos, perseguidos; e os camponeses mascarados, juntamente com os jovens apavorados, formam um quarteto muito animado, que se conclui pela fuga dos jovens.

Cena iv – Então os espectros tiram a máscara; começam a rir; fazem toda a pantomima que convém a celerados encantados com a peça que pregaram; felicitam-se com um *duo* e retiram-se.

Segundo Ato

PRIMEIRA CENA – O camponesinho e a jovem camponesa tinham deixado em cena o embornal e a enxada; voltam para pegá-los. O camponês vem na frente. Primeiro mostra só a ponta do nariz, depois dá um passo à frente. Recua. Põe-se à escuta. Examina. Avança um pouco mais. Recua. Vai tomando coragem aos poucos. Anda para um lado, depois para o outro. Perde o medo. Esse monólogo é um *recitativo obrigado*.

CENA II – A jovem camponesa chega, mas olha de longe. Em vão o rapaz a chama, ela não quer se aproximar de jeito nenhum. Ele se ajoelha diante dela. Quer beijar-lhe a mão. – "E os espíritos?", diz. – "Sumiram, sumiram". Ainda é um *recitativo*. Mas é seguido por um *duo*, no qual o camponês lhe manifesta seu desejo de forma muito apaixonada e a jovem camponesa se deixa convencer, pouco a pouco, a voltar à cena e a recomeçar. Esse *duo* é interrompido por movimentos de medo. Não há barulho algum, mas eles acham que estão ouvindo algo. Param. Põem-se à escuta. Acalmam-se e continuam o *duo*.

Mas desta vez não é um engano; os sons apavorantes recomeçaram; a jovem camponesa corre em direção ao seu embornal e à sua enxada; o camponesinho faz o mesmo.

Tentam fugir.

CENA III – Mas são atacados por uma multidão de fantasmas que os cercam de todos os lados. Eles se movem entre os fantasmas. Procuram uma saída. Não encontram. E o senhor compreende, claro, que isto é um *coro*.

No momento em que estão no auge da desolação, os fantasmas tiram as máscaras, revelando ao camponesinho e à jovem camponesa rostos amistosos. A ingenuidade de seu espanto compõe um quadro muito agradável. Cada um pega uma das máscaras. Observam-na atentamente. Comparam-na com o rosto. A jovem camponesa examina uma máscara horrenda de homem; o camponês está com uma máscara horrenda de mulher. Eles colocam cada um a sua máscara. Olham-se. Fazem trejeitos um para o outro: e esse recitativo é seguido por um *coro* geral. Durante esse *coro*, o camponesinho e a camponesinha fazem mil brincadeiras infantis; e a peça termina com o coro.

Eu – Ouvi falar de um espetáculo desse gênero, como da coisa mais perfeita que se possa imaginar.

Dorval – O senhor se refere à trupe de Nicolini?[38]

Eu – Exatamente.

Dorval – Nunca vi a companhia. E então? O senhor ainda acha que o século passado não deixou nada para o nosso realizar?

Criar a tragédia doméstica e burguesa.

Aperfeiçoar o gênero sério.

Substituir os caracteres pelas condições humanas, talvez em todos os gêneros.

Ligar estreitamente a pantomima à ação dramática.

Mudar a cena, substituir os golpes teatrais pelos quadros, fonte nova de invenção para o poeta, e de estudo para o ator. Porque de que adianta o poeta imaginar quadros se o ator permanece preso à sua disposição simétrica e à sua ação compassada?

Introduzir a tragédia real no teatro lírico.

Reduzir a dança à forma de um verdadeiro poema, que deve ser escrito e separado de qualquer outra arte de imitação.

38. A julgar pelas referências de Diderot e de Rousseau, em seu romance *Émile*, Nicolini era um diretor de trupe conhecido na época. Mas não há sobre ele outras referências. Rousseau diz a respeito: "Quem nunca ouviu falar, na Alemanha e na Itália, da trupe de pantomima do célebre Nicolini? Quem observou naquelas crianças movimentos menos desenvoltos, atitudes menos graciosas que nos bailarinos maduros?" (Apud Paul Vernière, em Diderot, *Oeuvres esthétiques*, op. cit., p. 166, nota 1.)

EU – Que tragédia o senhor gostaria de implantar na cena lírica?

DORVAL – A antiga.

EU – Por que não a tragédia doméstica?

DORVAL – É que a tragédia, e, em geral, qualquer composição destinada à cena lírica, deve ser metrificada e a tragédia doméstica parece-me excluir a versificação.

EU – Mas o senhor acredita que esse gênero forneça ao músico todos os recursos adequados à sua arte? Cada arte tem seus trunfos. Parece que acontece o mesmo com os sentidos. Os sentidos não são mais do que uma espécie de tato; todas as artes não passam de imitação. Mas cada sentido toca e cada arte imita da maneira que lhe é própria.

DORVAL – Há, na música, dois estilos, um simples e outro figurado. O que o senhor dirá se eu lhe mostrar, sem sair dos meus poetas dramáticos, trechos sobre os quais o músico pode exibir, a seu gosto, toda a energia de um ou toda a riqueza do outro? Quando digo *músico*, falo do homem que tem o gênio de sua arte; é bem diferente de alguém que só sabe amontoar modulações e combinar notas.

EU – Dorval, por favor, cite um desses trechos.

DORVAL – Com todo prazer. Dizem que o próprio Lulli tinha notado o que vou citar; o que provaria talvez que só faltaram a esse artista poemas de um outro gênero e que ele se acreditava capaz das coisas mais sublimes.

Clitemnestra, de quem acabaram de arrancar a filha para a imolar, vê a faca do executor do sacrifício levantada sobre o seio de Ifigênia, o sangue que corre, um sacerdote que consulta os deuses no coração palpitante da moça. Perturbada por todas essas imagens, ela grita:

> Mas neste instante – ó Céu, ó mãe infortunada!
> Minha filha, de grinaldas mortais coroada,
> A garganta abandona às facas preparadas
> Por seu pai. E Calcas, em seu sangue… Parai, selvagens!
> Esse é o sangue puro do Deus, que os trovões governa…

Ouço estalar o raio, sinto a terra que estremece.
Um Deus vingador, um Deus faz ouvir seus golpes[39].

Não conheço, nem em Quinault, nem em nenhum poeta, versos mais líricos ou situação mais apropriada à imitação musical. O estado de Clitemnestra deve arrancar-lhe das entranhas o grito da natureza; e o músico o levará aos meus ouvidos em todas as suas nuances.

Se ele compuser esse trecho no estilo simples, ele ficará tomado pela dor, pelo desespero de Clitemnestra; ele só começará a trabalhar quando se sentir impulsionado pelas imagens terríveis que obcecavam Clitemnestra. Os primeiros versos são um belíssimo tema para um recitativo obrigado. Eles dão margem para que as diferentes frases sejam ritmadas por um estribilho lamentoso… *Ó céu!… Ó mãe infortunada!…* primeira deixa para o estribilho… *Minha filha, de grinaldas mortais coroada…* segunda deixa… *A garganta abandona às facas preparadas/ Por seu pai…* terceira deixa… *Por seu pai!…* quarta deixa… *E Calcas, em seu sangue…* quinta deixa. Imagine os matizes que seria possível dar a essa sinfonia!… Parece-me ouvi-la… ela pinta para mim o lamento… a dor… o medo… o horror… a fúria…

A ária começa em *Parai, selvagens!* Que o músico me declame o *Parai*, o *selvagens* de tantas maneiras quantas lhe aprouver; ele será de uma esterilidade espantosa se essas palavras não forem para ele uma fonte inesgotável de melodias…

Com ímpeto, *Parai, parai; selvagens; selvagens... Esse é o sangue puro do Deus, que os trovões governa... é o sangue... é o sangue puro do Deus que os trovões governa... esse deus os vê... escuta-os... ameaça-os, parai, selvagens!... Ouço estalar o raio... sinto a terra que estremece... parai... Um Deus vingador, um Deus faz ouvir seus golpes... Parai, selvagens... Mas*

39. Racine, *Ifigênia*, Ato v, cena 4, v. 1693-1699. Em português, cf. a tradução de Ivo Bender, op. cit., p. 165-166. No original de 1757, Diderot grafa a palavra deus sempre com minúscula.

nada os faz parar... Ah! minha filha!... ah, mãe infortunada!... Eu a vejo... vejo correr seu sangue... ela morre... ah, selvagens! Ó Céu!... Que variedade de sentimentos e imagens!

Entreguem esses versos a Mlle. Dumesnil[40]; e, salvo engano, ela os repassará de desvario; os sentimentos vão se suceder em sua alma. Seu gênio vai lhe sugerir tudo isso; e é a declamação dela que o compositor deve imaginar e escrever. É o caso de fazer a experiência e constatar que a natureza conduzirá tanto a atriz quanto o compositor às mesmas idéias.

Mas o compositor prefere o estilo figurado? outra declamação, outras idéias, outra melodia. Ele fará com que a voz execute o que o outro estilo tinha reservado ao instrumento. Ele fará estalar o raio: lança-o, e ele cai entre cintilações. Ele me mostra Clitemnestra ameaçando os assassinos de sua filha com a imagem do deus cujo sangue eles vão derramar. Ele apresentará essa imagem à minha imaginação já abalada pelo patético da poesia e da situação, com o máximo de verdade e de força que estiver ao seu alcance. O primeiro compositor se tinha dedicado principalmente às inflexões de Clitemnestra; este se encarrega um pouco de sua expressão. Não é a mãe de Ifigênia que eu ouço. É o raio que estronda; é a terra que treme; é o ar que ressoa carregado de ruídos apavorantes.

Um terceiro compositor tentará reunir as vantagens dos dois estilos. Conservará o grito da natureza no momento mesmo em que ele ressoa violento e inarticulado, tomando-o como base de sua melodia. Ele confiará às cordas a tarefa de fazer estrondar o raio e o trovão. Tentará talvez mostrar o deus vingador; mas fará transparecerem, através dos diferentes traços dessa pintura, os gritos de uma mãe inconsolável.

Contudo, por mais prodigioso que seja o gênio desse artista, ele não conseguirá alcançar um desses objetivos sem se

40. Marie-Françoise Marchand, conhecida como Mlle. Dumesnil (1713-1803), estreou no papel de Clitemnestra; representava melhor as passagens e os papéis apaixonados e exaltados. Foi rival de Mlle. Clairon, mas tinha contra si a feiúra e o timbre comum de voz. Aposentou-se em 1775.

afastar do outro. Tudo o que ele concederá aos quadros será em detrimento do patético. O todo produzirá mais efeito sobre os ouvidos, e menos sobre a alma. Esse compositor será mais admirado pelos artistas e menos pelas pessoas de bom gosto.

E não pense que são estas palavras parasitárias do gênero lírico, *lançar... estrondar... . tremer...* que tornam esse trecho patético! é a paixão que o anima. E se o compositor, negligenciando o grito da paixão, por diversão combinasse os sons que fizessem ressaltar essas palavras, o poeta lhe teria preparado uma armadilha cruel. A verdadeira declamação vai enfatizar as referidas idéias, *lança, estronda, treme*, ou estas: *selvagens... parai... é o sangue... o sangue puro do Deus, de um Deus vingador...*?

Mas eis um outro trecho no qual o compositor também demonstrará seu gênio, se o possui, e no qual não há nem *lança*, nem *vitória*, nem *trovão*, nem *vôo,* nem *glória*, nem nenhum desses termos que serão o tormento do poeta enquanto forem a única e pobre fonte para o compositor.

Recitativo Obrigado

Um sacerdote cercado por uma multidão cruel...
Abaterá sobre minha filha... (sobre minha filha!) uma mão criminosa...
Rasgará seu seio... e com o olhar curioso...
Em seu coração palpitante... consultará os deuses!...
E eu que a trouxe triunfante... adorada!...
Eu voltarei... só... e desesperada...
Eu verei os caminhos ainda perfumados
Pelas flores semeadas sob seus passos

Ária

Não, eu não a levarei jamais ao suplício...
Ou vós fareis aos gregos um duplo sacrifício.
Nem temor nem respeito me farão entregá-la.
De meus braços ensangüentados vão ter de arrancá-la.

E tu também, bárbaro esposo, pai desalmado,
Vem, se ousares, de sua mãe roubá-la[41].

Não, eu não a levarei jamais ao suplício... Não... nem temor nem respeito me farão entregá-la... Não... bárbaro esposo... pai desalmado... vem, de sua mãe roubá-la... vem, se ousares... Essas são as idéias principais que ocupavam o espírito de Clitemnestra e que ocuparão o gênio do compositor.

Essas são as minhas idéias; e eu as partilho com o senhor de muito bom grado, porque se, por um lado, elas não têm uma utilidade concreta, por outro, é impossível que causem dano; se é verdade, como afirma um dos maiores homens da nação[42], que quase todos os gêneros literários estão esgotados e não resta mais nada de grande para realizar, mesmo em se tratando de um homem de gênio.

São as pessoas que devem decidir se esta espécie de poética que o senhor arrancou de mim contém algumas idéias sólidas ou se não passa de uma teia de quimeras. Eu concordaria de bom grado com o Sr. de Voltaire, mas com a condição de que ele fundamentasse suas afirmações com razões que pudessem esclarecer-nos a respeito. Se houvesse na terra uma autoridade infalível para mim, seria a dele.

EU – Podemos, caso o senhor queira, dar a conhecer a ele as suas idéias.

DORVAL – Consinto. O elogio de um homem hábil e sincero pode agradar-me; sua crítica, por acerba que seja, não me pode afligir. Comecei, faz muito tempo, a procurar minha felicidade num objeto que fosse mais sólido e que dependesse mais de mim do que a glória literária. Dorval morrerá feliz se puder merecer que digam dele, quando já não estiver mais

41. Racine, *Ifigênia*, Ato IV, cena 4, v. 1301-1314.

42. Voltaire em *Le Siècle de Louis XIV*, cap. XXXII, éd. R. Pomeau, Gallimard, "Bibliothèque de la Pléiade", p. 1015-1017. (Apud Paul Vernière, em Diderot, *Oeuvres esthétiques*, op. cit., p. 1189, nota 1.)

aqui: "Seu pai era um homem de bem, mas Dorval nada lhe ficou a dever sob esse aspecto".

EU – Mas se para o senhor é praticamente indiferente o sucesso ou o fracasso de uma obra, que objeção o senhor faria a que a sua peça fosse publicada?

DORVAL – Nenhuma. Já circulam por aí tantas cópias dela. Constance a deu a quem pediu. No entanto, eu não gostaria que minha peça fosse mostrada aos atores.

EU – Por quê?

DORVAL – Porque provavelmente ela não seria aceita por eles. Se fosse aceita, provavelmente não teria sucesso. Uma peça que fracassa não é lida por ninguém. Querendo ampliar a utilidade dela, corremos o risco de anulá-la totalmente.

EU – No entanto... Há um grande príncipe que reconhece a importância do gênero dramático e que se interessa pelo progresso do gosto nacional. Seria possível pedir a ele... conseguir...*[43].

DORVAL – Acho que sim; mas vamos reservar sua proteção para *O Pai de Família*[44]. Ele não a recusará, sem dúvida alguma, ele que deu mostras de grande coragem como pai...[45] Esse tema me atormenta; e sinto que, mais cedo ou mais tarde, terei que me livrar dessa fantasia; porque é uma fantasia, como as que acometem todo homem que vive na solidão... Que belo tema, o pai de família!... É a vocação geral de todos os homens...

* Sua Alteza o Duque de Orléans (N. do A.).

43. Trata-se de Luís Felipe, nascido em 1725, duque de Chartres, que se tornou duque de Orléans com a morte de seu pai. Após uma curta carreira militar, apaixonou-se por teatro e mandou construir uma sala de espetáculos em sua casa de campo. Saurin, Carmontelle e Collé eram seus leitores e seus autores. Parece que Diderot aspirou, durante algum tempo, à proteção do Duque, o que explicaria os ciúmes de Collé e a violência de suas críticas contra as peças de Diderot.

44. Segunda peça de Diderot, publicada em 1758, um ano depois da publicação de *O Filho Natural*.

45. Vacinando seus dois filhos, o que, na época, demandava realmente coragem. Foi Tronchin o responsável pela inoculação.

Nossos filhos são a fonte de nossos maiores prazeres e de nossos maiores sofrimentos... Esse assunto fará com que eu mantenha os olhos todo o tempo voltados para meu pai... Meu pai!... Concluirei o retrato do bom Lysimond... Isso me instruirá... Se eu tiver filhos, não me desagradaria assumir com eles compromissos...

EU – E qual o gênero de *O Pai de Família*?

DORVAL – Estive pensando e parece-me que a vertente desse tema não é a mesma do *Filho Natural*. O *Filho Natural* tem nuances de tragédia; *O Pai de Família* assumirá um tom cômico.

EU – O senhor já está adiantado o suficiente para saber isso?

DORVAL – Já... Volte para Paris... Publique o sétimo volume da *Enciclopédia*...[46] Venha descansar aqui... e pode ter certeza de que ou *O Pai de Família* não será feito, ou estará pronto antes do fim das suas férias... Mas, por falar nisso, disseram que o senhor já está de partida.

EU – Depois de amanhã.

DORVAL – Como depois de amanhã?

EU – Isso mesmo.

DORVAL – Assim, de repente... Faça como achar melhor, mas o senhor não pode deixar de vir conhecer Constance, Clairville e Rosali... O senhor ousaria vir esta noite pedir a Clairville que o receba para jantar?

Dorval viu que eu estava de acordo; e logo retomamos o caminho da casa. Imaginem a acolhida dispensada a um homem apresentado por Dorval! Imediatamente passei a fazer parte da família. Falou-se, antes e depois do jantar, de governo, religião, política, belas letras, filosofia; apesar da variedade dos assuntos, eu reconhecia sempre o caráter que Dorval tinha dado a cada um de seus personagens. Ele tinha o tom melancólico; Constance, o tom da razão; Rosali, o da ingenuidade; Clairville, o da paixão; e eu, o da bonomia.

46. O sétimo volume foi publicado em novembro de 1757.

RITA ROSENMAYER

COLEÇÃO TEXTOS

1. *Marta, a Árvore e o Relógio*
   Jorge Andrade
2. *Antologia dos Poetas Brasileiros da Fase Colonial*
   Sérgio Buarque de Holanda
3. *A Filha do Capitão e o Jogo das Epígrafes*
   Aleksandr S. Púchkin / Helena S. Nazario
4. *Textos Críticos*
   Augusto Meyer
   (João Alexandre Barbosa, org.)
5. *O Dibuk*
   Sch. An-ski
   (J. Guinsburg, org.)
6. *Panorama do Movimento Simbolista Brasileiro*
   (2 vols.)
   Andrade Muricy
7. *Ensaios*
   Thomas Mann
   (Anatol Rosenfeld, seleção)
8. *Leone de' Sommi: Um Judeu no Teatro da Renascença Italiana*
   J. Guinsburg (org.)
9. *Caminhos do Decadentismo Francês*
   Fulvia M. L. Moretto (org.)
10. *Urgência e Ruptura*
    Consuelo de Castro
11. *Pirandello: Do Teatro no Teatro*
    J. Guinsburg (org.)
12. *Diderot: Obras I. Filosofia e Política*
    J. Guinsburg (org.)

    Diderot: Obras II. Estética, Poética e Contos
    J. Guinsburg (org.)

    Diderot: Obras III. O Sobrinho de Rameau
    J. Guinsburg (org.)

Diderot: Obras IV. *Jacques, O Fatalista, e seu Amo*
J. Guinsburg (org.)

Diderot: Obras V. *O Filho Natural*
J. Guinsburg (org.)

Diderot: Obras VI. *O Enciclopedista – História da Filosofia* I
J. Guinsburg (org.)

13. *Makunaíma e Jurupari: Cosmogonias Ameríndias*
Sérgio Medeiros (org.)

14. *Canetti: O Teatro Terrível*
Elias Canetti

15. *Idéias Teatrais: O Século* XIX *no Brasil*
João Roberto Faria

16. *Heiner Müller: O Espanto no Teatro*
Ingrid D. Koudela (org.)

17. *Büchner: Na Pena e na Cena*
J. Guinsburg e Ingrid D. Koudela (orgs.)

18. *Teatro Completo*
Renata Pallottini

19. *A República de Platão*
J. Guinsburg (org.)

20. *Barbara Heliodora: Escritos sobre Teatro*
Claudia Braga (org.)

21. *Hegel e o Estado*
Franz Rosenzweig

22. *Almas Mortas*
Nikolai Gógol

23. *Machado de Assis: Do Teatro*
João Roberto Faria (org.)

Impresso em São Paulo,
nas oficinas da Gráfica Palas Athena,
para a Editora Perspectiva S.A., em setembro de 2008